한국 민주주의와 한국교회

한국교회와공공성포럼 1
한국 민주주의와 한국교회

2025년 12월 5일 처음 펴냄

지은이	김상덕 배덕만 백소영 백종국
엮은이	한국교회와공공성포럼
펴낸곳	도서출판 동연
펴낸이	김영호
주 소	서울시 마포구 월드컵로 163-3
등 록	제1-1383호(1992. 6. 12.)
전화/팩스	02-335-2630/ 02-335-2640
이메일	yh4321@gmail.com
인스타그램	instagram.com/ dongyeon_press

Copyright ⓒ 한국교회와공공성포럼, 2025

이 책은 저작권법에 따라 보호받는 저작물이므로 무단 전재와 복제를 금합니다.
잘못된 책은 바꾸어 드립니다. 책값은 뒤표지에 있습니다.

ISBN 978-89-6447-805-9 04200
ISBN 978-89-6447-804-2 04200(한국교회와공공성포럼)

한국교회와공공성포럼 1

한국 민주주의와 한국교회

김상덕 배덕만 백소영 백종국 지음
한국교회와공공성포럼 엮음

동연

책을 펴내며

2025 민주주의, 한국교회의 갈 길을 묻다

기독신학원 느헤미야 개원 15주년을 기념하며, 2025년 3월 22일 '한국교회와 공공성 포럼'이 출범했다. 교파와 교단, 신학교의 좁은 울타리를 넘어서 개혁 지향적으로 활약하는 신학자들이 초교파적인 조직의 하나로 세웠다. 무도하고 무책임한 대통령이 검찰, 언론, 사법부 권력의 카르텔과 야합하여 민주주의를 파괴했던 상황에서 긴박감 가운데 조직된 '한국교회와 공공성 포럼'은 3개월이 지나지 않아서 '시사 칼럼'을 작성하여 수천 명의 독자와 격주로 공유하고 있다. 게다가 '한국교회와 공공성 포럼'을 창립한 지 6개월 만에 제1회 포럼을 개최했던 것은 괄목할 만한 발전이었다고 여겨진다.

'한국교회와 공공성 포럼'은 세 가지 측면의 정체성을 분명히 자각하고 있다. 첫째는 우주 만물을 창조하시고 인간에게 관리를 위임하신 하나님의 청지기로서의 정체성이다. 우리는 만유의 주인이신 하나님의 일꾼으로서 주인이신 하나님의 뜻에 순종하고 실행하는 일에 전력하려고 한다. 둘째는 하나님의 나라를 선포하신 예수 그리스도의 삶과 가르침을 따르는 제자로서의 정체성이다. 우리는 세상에서 십자가를 지시고 돌아가신 역사적 예수를 부활시켜 신앙의 그리스도가 되게 하신 복음의 핵심을 기억하며, 우선은 우리에게 맡겨진 십자가를 기꺼이 감당하려고 한다. 셋째는 성령의 가장 큰 은사인 사랑의 실천자로서의 정체성이다. 우리는 한국교회와 한국 사회를 비판하되, 비판을 위한 무책임한 비판이 아니라 자기 살을 도려내는 심정을 담아서 사랑의 대안을 제시하기 위해 노력하려 한다.

'한국교회와 공공성 포럼'은 이 세 가지 정체성 위에서 다음의 과제들을 감당할 것이다. 한국교회의 대전환이다. 한국교회라는 포도원이 무너졌다. 삯꾼 목회자들은 무너진 한국교회 포도원을 개축하기는커녕 방치할 뿐 아니라 더 무너지도록 가세하고 있다. 교회 세습, 재정의 횡령과 유용, 성 스캔들, 혐오와 증오의 선동 등은 몇몇 사례에 지나지 않는다. 세상 사람들은 상식적인 수준조차 유지하지 못하는 한국교회를 보면서 비난과 질타를 멈추지 않고 있다. 한국교회가 대전환의 길에 들어서지 않으면, 30년 이내에 역사의 지평에서 사라질 수 있음을 우리는 직시해야 한다.

건강한 민주 사회의 실현이다. 세상은 우리가 배척해야 할 대상이 아니라 그 안에서 더불어 살면서 보다 나은 세상으로 만들어야 할 사랑의 대상이다. 지금까지 세상에 등장한 제도들 가운데 자유, 평등, 연대를 기본 가치로 하는 민주주의는 기독교와 가장 친화적인 제도라고 말할 수 있다. 윤석열 정권이 등장한 이래로 12.3 계엄이 있기까지 피땀으로 일군 한국의 민주주의가 많이 왜곡되었고, 많이 파괴되었다. 그런데도 우리가 건강한 민주주의를 추구하지 않고 방치한다면, 공공 사회가 개인의 이기주의적 도구나 전체주의의 억압적 도구로 전락할 수 있음을 직시해야 한다.

하나님의 생명과 생태 세계의 보전이다. 우리 삶의 최대 조건인 지구환경이 피폐해졌다. 그 안에 사는 인간의 생명도 파리 목숨처럼 위태로워졌다. 인간이 노력하지 않는 한 인간의 생명과 생태 세계의 상황은 지금보다 더 악화할 게 틀림없다. 이제 우리는 불편을 감수하며 살아야 한다. 탄소제로 사회를 만들기 위해 국가 차원의 대책을 마련해야 한다. 재화의 배타적인 독식보다 사회적 약자들과 함께 누리는, 살 만한 삶의 공동체를 만들어야 한다. 만일 우리가 인간 생명과 생태 세계에 대한 청지기적인 사명을 외면하면, 인류도 생태 세계도 공멸할 수 있음을 직시해야 한다.

이외에 다른 과제들도 있겠지만, 이 세 가지야말로 눈에 드러나는 시급한 과제라고 할 수 있다. '한국교회와 공공성 포럼'은 이들 과제를 감당하기 위해서 교파와 교단과 교회에 매인 신학을 넘어서고자 한다. 하나님의 나라와 하나님의 의를 전적으로 추구하는 신학을 담보하고자 한다. 성장과 자본의 논리에 찌든 한국교회의 타성을 깨부수고자 한다. 성 소수자에 대한 노골적인 차별과 적개심을 부추기는 반공주의, 환대를 외면하는 이슬람 포비아와 보수 정권 친화적 경향을 무엇보다 먼저 거부하고자 한다. 우리의 기독교 신앙이 삶의 액세서리나 자기 욕망을 충족하는 수단이 아니라 삶의 모든 영역에서 일관되게 표현되는 궁극적 방향이자 삶의 방식으로 또한 삶의 근원적 에너지가 되도록 제시하고자 한다.

'한국교회와공공성포럼'이 처음으로 개최한 포럼 "2025 민주주의, 한국교회의 갈 길을 묻다"를 통해 12.3 내란을 거치며 한국 사회에 드러난 민주주의의 위기를 진단했다. 우리는 보수 정권과 결탁하여 이해관계를 추구해 온 한국교회와 극우의 도구로 전락한 일부 교인들의 수치를 가감 없이 드러냈다. 우리는 여의도와 남태령, 태평로와 경복궁 동십자각에서 민주 시민들이 보여준 빛의 혁명을 돌아보며 한국 민주주의의 새로운 가능성을 전망했다. 또한 우리는 인권과 민주화를 이끌어 온 한국교회의 소중한 유산을 확인하고 계승·발전시키기 위해 나름대로 많이 노력했다.

포럼에서 다루어진 내용들을 보완해서, 한국교회 신도들과 공유하기 위해 책으로 출판하는 것이 참으로 기쁘고 감사하다. 주제 강연으로 포럼의 키 역할을 유감없이 발휘해 주셨던 백종국 교수님께 먼저 감사드린다. 심도 있는 연구를 토대로 설득력 있는 강연을 해 주신 김상덕, 백소영, 배덕만 세 분 교수님께 감사드린다. 네 시간 남짓 진행된 포럼에 참석하여 경청과 토론, 좋은 코멘트를 아끼지 않으신 회원과 참석자 여러분께도 감사드린다. 특별히 '한국교회와 공공성 포럼'에 관심을 갖고 책 출판을 제안해 주신 동연출판사의 김영호 대표님과 멋진 책이 나오기까지 수고를 아끼지 않으신 출판사 관계자들께 감사드린다. 한국교회의 대전환을 소망하며 이 책을 구입하신 독자들에게 감사드리며, 하나님의 은총과 도우심이 언제나 함께하기를 축원한다. 모든 독자는 하나님의 나라와 하나님의 의를 구현하기 위한 우리의 동지들이다. 우리 가운데 하나님의 평화가 임하기를 바라며, 모든 영광을 하나님께 돌린다.

2025년 10월
한국교회와공공성포럼 대표 정종훈

차 례

책을 펴내며 / 5

한국 정치와 한국 개신교 _ 백종국   13

    I. 여는 말   13
    II. 정치와 종교의 관계   15
    III. 한국, 개신교 그리고 전후 미국의 패권   16
    IV. 한국 개신교의 모순   18
    V. 냇물을 건너려면 발을 적셔야 한다   22
    VI. 맺는말   24

사랑인가 혐오인가
    — 한국교회의 공공성 위기와 공공신학적 성찰 _ 김상덕   27

    I. 들어가며: 한국교회와 '공공성 위기'   27
    II. 기독교와 공공성: 오해를 이해하기   30
    III. 한국교회의 '진짜' 공공성 위기: 종족주의적 혐오와 차별   47
    IV. 나가며: 공감과 환대의 공동체로   58

젠더 갈라치기, '현상'인가 '전략'인가
— 한국 사회 젠더 갈등과 한국교회에의 함의 _ 백소영 61

I. 여는 말: '정치적 주체'로서의 '2030 청년 여성들'의 등장과 의제들 61
II. '2030 청년 남자들'의 정치적 좌표를 묻다 68
III. 갈라치기의 정치적 전략, 2030 청년 여자들 vs. 2030 청년 남자들 81
IV. 교회와 사회가 잃어버린 '청년성', 회복을 위한 장(場)을 요청하며 84

전광훈과 태극기 집회
— 민주주의 수호자인가 아니면 파괴자인가 _ 배덕만 93

I. 글을 시작하며 93
II. 배경 95
III. 비상계엄과 전광훈 세력 101
IV. 전광훈 세력 분석 108
V. 전광훈 현상에 대한 평가와 제언 122
VI. 글을 마치며 131

참고문헌 / 135
지은이 알림 / 142

한국 정치와 한국 개신교

백종국*

I. 여는 말

21세기 초반에 이르러 한민족은 한반도 역사상 가장 자유롭고 풍요로운 국가를 이루었다. 국토 면적은 세계 85위, 인구는 세계 30위이지만, 국력은 세계 6위로 평가받고 있다. K-민주주의, K-팝, K-드라마, K-뷰티 등의 한류 열풍도 한국 문화의 우수성을 잘 나타내고 있다. 조선조 이래 한민족이 겪어온 착취와 압제와 분단과 전쟁의 역사를 돌이켜 볼 때, 참으로 기적과 같은 일이다.

최근 한국은 갑자기 발생한 윤석열의 친위쿠데타와 대통령 탄핵을

---

* 경상대학교 명예교수

둘러싸고 이 모든 업적이 흔들릴 정도의 위기에 봉착했다. 실패한 친위쿠데타의 주모자들이 꾸몄던 반란 계획서에는 진실로 경악스러운 내용이 있었다. 친위쿠데타의 진압 후에도 민주적 체제의 관용을 악용하는 자들과 군사 독재의 향수에서 헤어나지 못하는 자들이 온갖 혐오와 거짓과 선동과 폭력으로 우리가 피땀 흘려 이룩한 민주공화국의 근저를 흔들고 있다.

진실로 놀라운 것은 이 위기의 배후에 한국 개신교가 있다는 사실이다. 음모와 혐오의 선동으로 점철된 시위대의 대부분이 개신교인들이며, 목사라 칭하는 자들이 극우 시위를 이끌고 있다. 전능하신 신께 드리는 예배를 빙자하여 세속의 정치 구호를 외치며 태극기와 성조기와 이스라엘기를 휘두르고 있다. 참으로 어리석고 참담한 일이 아닐 수 없다. 모든 개신교인이 혐오 시위 가담자는 아니지만, 혐오 시위 가담자의 대부분이 개신교인임은 부인할 도리가 없다. 온전한 신앙에 힘쓰고 있는 개신교인들에게 견딜 수 없는 수치심과 안타까움을 주고 있다.

현재 새 정부의 출범으로 사태가 진정되고 있다. 이제 어디에서 무엇이 어떻게 잘못되었던 건지 돌아보고 새로운 방향을 정립할 때다. 특히 한국의 개신교인들에게는 자신의 신앙을 점검해 보는 좋은 기회라 생각된다. 이러한 점검의 노력을 돕고자 정치와 종교의 관계, 한국 개신교의 모순, 국제 체제 변동의 영향 등을 간략히 검토하고자 한다.

II. 정치와 종교의 관계

인류 역사에서 정치와 종교는 공동체의 통치를 위해 서로 긴밀히 협력하는 영역이었다. 인간 공동체를 다스리는 권력의 생성과 함께, 이 권력의 정당성 보장과 전승이 중요하기 때문이다. 두 영역이 행사하는 의식과 제도와 자원 장악과 강제력이 때로 겹치기도 하고 분리되기도 하면서 다양한 형태로 발전되어 왔다.

정치와 종교의 관계는 대략 세 가지 형태로 분류할 수 있다. 첫째는 정치와 종교의 융합을 추구하는 정교일치 체제이다. 둘째는 정치와 종교가 어느 정도 구분되어 분업적으로 협력하는 정교분리 체제이다. 셋째는 정치가 종교를 말살하는 무신론 체제이다. 현대 국가들 사이에서는 세 가지 형태가 다 목격되고 있으나, 대세는 두 번째 정교분리라 말할 수 있다.

정교분리 체제는 근대 서양에서 수립된 인류 지혜의 소산이다. 30년 전쟁과 같은 잔혹한 종교 전쟁을 겪고 나서 얻은 반성의 결과다. 미국 헌법에서 최초로 성문화된 국교 불인정과 종교의 자유는 정교분리의 두 축이며 현대 민주주의의 필수 조건이다. 대한민국 헌법도 제20조에서 종교의 자유와 국교 불인정을 명시하고 있다.

정교분리의 원칙이 일반화되었다 해도, 종교적 가치와 제도는 여전히 국가 유지의 핵심이며, 도리어 선진국일수록 더 정교하게 관리되고 있다. 폭스의 정교분리 연구를 보면, 대부분의 국가에서 국가의 종교 개입이

뚜렷하다. 후진국일수록 거칠고 노골적이며, 선진국일수록 교묘하고 세련되다.

국가와 종교는 불가피하게 매개의 변증법을 겪게 된다. 매개의 변증법이란 매개의 관계에 있어서 매개자의 존재가 매개의 본질보다 우선해지는 현상이다. 어느 매개자이든 필연적으로 내부적 모순이 발생하며, 이로 인한 본질로부터의 소외가 심화할수록 매개의 붕괴가 가까워지게 된다. 매개자들은 정보의 비대칭성, 습관화, 파생성 극복, 매개의 중첩화, 세대교체 효과 등을 통해 스스로를 강화한다. 멀리 갈 것 없이 한반도 근처에서 목격되는 북한 정권의 3대 세습, 남한 교회의 목회 세습, 남한 재벌의 경영권 세습, 일본의 정치 세습 등 각종 세습 사례를 들 수 있다.

매개의 변증법이 진행될수록 내부의 갈등과 외부의 투쟁이 강화되는 경향이 있다. 매개가 강화될수록 투쟁은 '타협할 수 있는 게임'(positive sum game)에서 '죽느냐 사느냐의 게임'(zero sum game)으로 악화한다. 예컨대 종교인 과세나 사립학교법 개정과 같은 주변적 과제들이 마침내 국가 통치를 둘러싼 권력 투쟁으로 비화하는 경우도 있다. 요사이 관찰되는 한국 개신교의 극우화는 바로 이러한 변증법적 과정의 한 사례다.

III. 한국, 개신교 그리고 전후 미국의 패권

많은 한국 개신교 연구자들은 한국 개신교의 정치적 특징으로 친미

사대주의에 입각한 근본주의와 반공주의를 든다. 이는 한반도에서 진행된 해방, 분단, 전쟁의 역사로 충분히 이해할 수 있다.

한국에서 개신교의 도입과 성장은 미국에 크게 의존하고 있다. 강인철의 정리에 따르면, 1893년부터 1983년까지 한국에서 활동한 개신교 선교사의 87%가 미국인이었다. 이후로도 한국 개신교의 목사와 신학자들은 주로 미국에서 교육을 받았다. 미국이 주도했던 적산 불하, 경제 원조, 전쟁 구호, 문화 활동 등 많은 영역에서 개신교는 특혜를 누렸다. 한국의 개신교인들이 미국을 '동맹국'의 관념을 넘어 '신앙의 보호자'로 생각하는 것은 이상한 일이 아니다.

한국 개신교의 특징 중 하나로 근본주의를 들 수 있다. 근본주의란 특정 종교나 정치사상에 있어서 경전의 특정 교리나 전통에 대한 절대적이고 배타적인 충성을 요구하는 경향을 말한다. 이길용의 조사에 따르면, 거의 모든 종교에서 발생하고 있는데, 특히 과학화와 세속화로 초래되는 종교의 주변화에 실망과 고통을 느끼는 소수의 극단적 분파가 주도하고 있다. 존 스토트는 미국의 근본주의가 서구의 정통 복음주의와 달리 반지성주의, 극도의 문자주의, 기계적 영감설에 치중하고 있음을 지적한다. 학자 중에는 여기에 세대주의적 전천년설, 영적 전쟁 관념, 사제주의, 한국판 시온주의, 종교적 군사주의를 추가하는 사람도 있다.

한국 개신교 근본주의의 특징은 수입 학문의 부작용이라는 측면으로도 설명할 수 있다. 신학자들의 연구에 따르면, 미국의 근본주의는 19세기 말 미국을 휩쓰는 자유주의 신학에 대한 반발로 나타났으나, 1925년

스콥스 재판 이후 그 영향력이 현저히 줄어들었다고 한다. 그러나 한국에서는 근본주의 선교사들의 선교 활동이 다수였기 때문에 근본주의를 정통 신학이라 여기게 되었다. 이로 인해 탈맥락적인 급진화, 개론 중심, 기회주의 등의 부작용이 더욱 심하게 발생하게 되었다. 예컨대 미국에서 근본주의는 자유의 과잉에 균형을 잡으려는 방어적 시도였지만, 한국에서는 자유의 싹을 자르는 공격적 칼날이 되고 있다.

개신교의 반공주의는 전후 미국의 패권 체제와 밀접한 관계가 있다. 미국은 전후 처리 과정에서 한국이 지니는 지정학적 중요성에 주의를 기울였다. 동북아 지역에서 미국의 이익을 지키는 불침 항모(unsinkable aircraft carrier)로서의 역할을 기대했다. 이러한 이유로 미국이 한국을 지키기 위해 막대한 자금과 생명을 희생했다는 사실도 부인할 수 없다. 냉전 시기에는 공산주의에 맞서는 자본주의의 전시장(show window)으로서 자본주의 체제의 상대적 우수성을 보여주고자 했다. 미국의 냉전적 이익 보호 과정에서 독재 정권 지지, 진보 사상이나 세력의 억압, 다양한 교육 기회 부여 등이 진행되었다. 역사적, 물적, 지적, 영적 제반 측면을 검토해 볼 때, 한국 개신교의 반공주의는 필연적이었다.

IV. 한국 개신교의 모순

최근에 발생한 윤석열의 친위쿠데타에 얽힌 한국 개신교의 정치

폭거는 그동안 축적되고 있던 모순의 폭발이라고 말할 수 있다.

한국의 급속한 발전은 한국 개신교의 속성과 점차 미묘한 갈등을 불러일으키고 있었다. 미국의 전폭적인 지원과 한국인의 뛰어난 역량이 잘 결합하여, 한국은 전후 유일하게 민주화와 산업화에 성공한 나라가 되었다. 주요 국제기구들도 한국을 자본주의의 모범적 사례로 인용하고 있다. 함께 진행된 교육과 소득 수준의 향상, 도시화, 국제화, 문화 창달, 외교적 지위 향상, 군사적 역량 증진 등으로 점차 정의심과 자주 의식을 가진 주체적 시민들이 육성되었다. 두 차례의 시민혁명으로 비민주적 권력자들이 평화적으로 교체된 사실만 보아도 잘 알 수 있다. 아이러니하게도 이러한 실질적 민주화는 근본주의와 반공주의에 젖어 있던 한국 개신교에 정치적 모순으로 다가왔다.

한국 개신교의 정치적 모순은 대략 세 단계로 진화하였다. 첫째는 순응하기, 둘째는 분열하기, 셋째는 뛰어들기다.

첫 번째 순응하기 단계는 해방 후부터 1989년까지다. 독재 정권에 대한 충성과 개신교 특혜를 주고받으며 엄격한 정교분리라는 명분으로 교회 내에서 분출하던 민주와 정의의 열망을 외면한 시기다.

두 번째 분열하기 단계는 1989년에서 2005년까지다. 한국 개신교의 연합체인 '한국교회협의회'가 진보적 색채를 띠기 시작하자, 노태우 정부는 막후공작을 통해 보수 교회 중심의 '한국기독교총연합회'를 분리하는 데 성공한다. 그러나 정교분리를 명분으로 분립한 한기총은 전폭적인 국가 지원과 막강한 세력 규모를 자랑하면서 각종 개혁 입법을 저지하는 정치적 기관으로 재탄생하였다. 시민들의 피땀으로 민주화와 자유화가 달성되는 순간 이들이 요구한 것은 자유를 거부할 자유였다. 사람 다니라고 길을 닦아 놓으니 소가 먼저 지나가는 격이다.

세 번째 뛰어들기 단계는 2005년에서 지금까지다. 2005년 노무현 정부가 4대 개혁 입법 중 하나로 사학 운영의 투명성을 높이는 사학법 개정을 시도했으나, 야당과 연합한 개신교의 대대적인 대중 동원으로 무력화되었다. 대중 동원의 정치적 효과에 고무된 한국 개신교는 그 후 점점 더 노골적이고 폭력적인 정치 수단을 거리낌 없이 사용하고 있다. 목사의 성 추문, 재정 횡령, 불법 건축, 목회 세습 등의 교회 비리에 대한 내부 개혁 요구가 거세질수록 차별금지법 반대와 같은 외부 정치 투쟁으로 교인들의 관심을 돌리려는 노력도 더욱 치열해졌다. 매개자가 매개의 본질을 거의 완전히 상실하는 변증법적 퇴락이 명료하게 나타나는 사례다.

한국 개신교가 직면한 정치적 모순의 핵심은 정교분리의 헌법하에서 정교일치를 추구하고 있다는 점이다. 배덕만의 요약에 따르면, 21세기에 들어서면서 한국 개신교도 19세기의 미국 개신교처럼 불안과 공포, 기형적 신학, 지성의 상실을 맞이하게 되었다. 교회 조직의 생존과 단결을 위해 근본주의를 강화하고 극우적 정교일치에 뛰어들고 있다. 안타깝게도 이는 잘못된 방향이다. 다종교 사회에서 정교일치 추구는 레바논화의 비극을 초래할 수 있다.

모순 해결의 첫걸음으로 우리가 꿈꾸는 나라를 생각해 보자. 우리가 꿈꾸는 나라는 인애와 공평과 정직의 나라다. 예레미야서에 적혀 있는 대로 이는 하나님의 속성이며 통치이므로 하나님의 나라이기도 하다. 기회는 평등하고, 과정은 공정하고, 결과는 정의로울 것이라 기대하기도 한다. 우리는 우리 공동체가 이러한 체제이기를 꿈꾸고 있다. 동시에 모든 고등 종교가 공통으로 추구하고 있는 정치적 이상이기도 하다.

이러한 나라에 가까이 가는 가장 유효한 방법으로 민주주의가 손꼽힌다. 국민의, 국민에 의한, 국민을 위한 정치 혹은 국가의 주권이 국민에게 있는 체제로 요약되기도 한다. 많은 민주주의 연구자들이 민주적 체제는 인간의 본성에 가장 적합한 체제라 보고 있다. 니버의 말처럼, 인간이 가진 정의의 능력 때문에 가능하고, 인간이 가진 불의의 성향 때문에 필요한 체제다. 샷슈나이더의 말처럼, 민주주의는 스스로가 완벽하다고 믿지 않는 사람들에게 가장 적합한 체제다. 역사의 증거를 보면, 민주주의는 경제적인 풍요와도 연결된다. 누구나 재능을 발휘할 수 있도록 동기를 부여하고 유인을 제공하는 체제이기 때문이다.

인간이 지닌 유한성과 오류의 가능성을 인정한다는 점에서 기독교와 민주주의는 매우 친화적이다. 그러나 오류의 가능성을 배제한 맹종을 본질로 삼는 기독교의 근본주의는 민주 공화정과 어울리는 사상이 아니다. 국가와 종교의 지배자들이 무슨 유혹과 선동으로 스스로를 신성화한다 해도, 그들이 이룬 바는 여전히 인간의 한계를 벗어날 수 없다. 하나님의 나라는 하나님께서 최종적으로 이루신다. 우리는 단지 그의 섭리에 따라 피조물들과 함께 분업적으로 이 나라의 건설 과정에 참여할 수 있다.

V. 냇물을 건너려면 발을 적셔야 한다

옛 지혜서가 말하는 바처럼, 냇물을 건너려면 발을 적셔야 한다. 물론 날아서 건널 수도 있고 다리를 만들어 건널 수도 있다. 그러나 이미 날은 저물고 길이 멀다면 발목이 물에 젖는 수고를 마다할 수 없다. 극우 기독교 세력이 집회의 자유를 내세워 밤낮으로 광장을 장악하고 언론의 자유를 빙자하여 "군대여 일어나라"라고 군사쿠데타를 촉구하는 행위는 대한민국 체제에 있어서 북한의 핵무장과 맞먹는 명백하고 현존하는 위험이다. 즉각적이고 효율적인 대처가 필요하다.

최근 진행되고 있는 미국 패권 체제의 변화도 유의해야 할 요소다. 전후 세계의 정치, 경제, 군사, 문화 등 제반 영역을 압도적으로 지배해 왔던 미국이 점차 절대적 우위를 상실하고 있다. 트리핀의 딜레마 (Dilemma of Triffin) 같은 내부적 모순이 불가피하게 진행 중이다. 다극화 체제로의 이행이지만, 막상 미국 자신은 이러한 세계 패권의 상대적 약화를 인정하지 않고 있다. 도리어 필사적으로 저항하고 있으며, 이로 인해 범지구적 히스테리가 조성되고 있다. 이러한 국제 체제의 히스테리 현상 중 하나로 여러 나라에서 극우파 봉기가 진행 중이며, 한국도 강한 영향을 받고 있다.

급변하는 국제 정세에서 다종교 국가인 대한민국이 민주 공화정을 유지하려면, 정교분리가 불가피하다. 이를 위한 실천적 대안으로 법치주의 강화, 민주적 정계 재편, 근본주의 완화, 시민사회 육성을 들 수 있다.

　법치주의 강화가 첫 번째 대안이다. 많은 후진국에서 민주화 이후 자유와 방종을 구분하지 못하고 체제의 피로도를 높여 다시 군사 독재를 초래하는 모습을 보게 된다. 히틀러의 독재를 불러들인 바이마르공화국의 허약한 민주주의가 대표적 사례다. 이를 반복하지 않으려면 지속적인 민주적 교양 교육과 더불어 정치적 방종의 엄격한 처벌이 필요하다. 예컨대 정부는 징벌적 배상 체계를 치밀하게 정비해야 한다. 차별 대우나 가짜뉴스로 피해 입은 자가 있다면, 피해 입힌 자에게 민사적으로 배상을 요구하는 게 당연하다. 시민적 징벌이라고도 할 수 있는데, 잘 갖추어진 배상 체계는 거짓과 혐오를 시민 공동체 내에서 크게 줄일 수 있다.

　민주적 정계 개편이 두 번째 대안이다. 한국 민주주의의 오랜 과제는 일제와 군부 독재의 잔재 청산이었다. 이 역사적 잔재들은 생존을 위한 극도의 실용주의라는 긍정적 영향도 미쳤으나, 역사의 전환기 때마다 국가 발전의 발목을 잡는 장애물이었다. 말은 보수주의였지만, 이들이 보수하고자 하는 것은 일제와 군사 독재의 잔재였다. 윤석열 친위쿠데타를 통해 이들이 사실상 반체제 세력이며 종교적 근본주의자들이 이들의 우군이자 반민족 세력임도 드러났다. 합당한 법적 조치와 함께 민주적 절차를 통해 일제 잔재의 해체와 진정한 보수 정당의 출현을 기대할 수 있게 되었다. 동시에 건전한 정교분리 체제 확립도 가능해질 것으로 기대된다.

　근본주의 완화가 세 번째 대안이다. 박성철의 연구 결론에 따르면,

대체로 근본주의는 파시스트적 정교일치와 친화성이 강하다. 교회의 사유화, 지도자 숭배, 추종자 학대, 무분별한 공격성 등의 종교 중독 증상도 공유하고 있다. 최근 사건들에서 드러난 바와 같이 한국교회의 근본주의는 성공제일주의, 순복음주의, 사제주의와 결합하고 외세를 끌어들여 국가의 민주화와 자주적 발전을 가로막고 있다. 신앙과 이성의 조화, 개인적 구원과 사회적 책임, 공공성을 강조하는 복음주의가 개신교 신앙의 대세를 이루도록 정치와 종교 양측에서 긴밀히 협조해야 한다.

시민사회 육성이 네 번째 대안이다. 대한민국은 국민 주력 기업 중심의 수출 주도형 산업화 전략으로 성공한 나라다. 정치에 있어서 정부, 종교에 있어서 교회, 경제에 있어서 재벌, 사회에 있어서 시민단체가 네 개의 축을 이루고 있다. 경제 중심의 사회가 될수록 정부와 교회에 대한 재벌의 지배력도 강화되기 마련이다. 불가피하게 사회의 시민단체가 이 불균형을 교정해 주어야 한다. 다행히 한국 시민단체의 역량은 세계적으로도 높이 평가받고 있다. 복음주의와 시민단체는 평신도 중심의 사회적 책임 수행이라는 차원에서 잘 어울리는 한 쌍이다.

VI. 맺는말

한국 개신교의 일부가 무지와 교만에 젖어 중대한 역사의 전환기에 대한민국의 앞길을 가로막고 있다면, 이는 참으로 개탄스러운 일이다.

이들은 독재의 시기에는 정교분리를 내세워 민주화의 길을 외면하더니, 민주화된 시기에는 자유를 넘은 방종으로 인애와 공평과 정직의 길을 가로막고 있다. 인애와 공평과 정직의 실천이 하나님 나라의 구현을 의미한다면, 한국 개신교는 하나님 나라를 가로막고 있는 셈이다.

무지한 백성들을 현혹하여 자신들을 맹종하도록 요구하는 근본주의는 한국 개신교를 위한 복음이 아니다. 이는 교주 개인의 욕망과 탐욕을 채우기 위해 발버둥 치는 이단 종교에서나 어울리는 이념이다. 이러한 자들은 뻔뻔스럽게 교회는 민주주의가 아니라는 망언을 서슴없이 주장한다. 세계적으로 근본주의가 설치는 나라치고 민주주의를 찾아볼 수 없는 이유이기도 하다. 우리는 악을 행하기에 열심인 사람들이 받는 벌, 즉 스스로 즐거이 지옥으로 걸어 들어가는 것을 보고 한탄할 뿐이다.

새 민주 정부가 출범했으나, 일각도 쉼 없이 선거의 정통성을 폄훼하고 가짜뉴스를 만들어 정부를 규탄하면서 무지한 대중의 눈과 귀를 필사적으로 잡아두려는 행동에서 우리는 나치 선동가 괴벨스의 그림자를 보게 된다. 더욱 안타까운 것은 지나치게 이상을 부르짖다가 스스로 절망하여 악에 굴종하는 자들이 있다는 사실이다. 대체로 악은 선보다 더 끈질기고 부지런하다는 점을 기억하자. 다행히도 많은 선각자들이 꾸준히 인내심을 가지고 시민들을 일깨우기 위해 노력하고 있다. 정치와 종교에 걸쳐 제2의 대각성 운동이 일어나기를 기대해 본다.

사랑인가 혐오인가
— 한국교회의 공공성 위기와 공공신학적 성찰*

김상덕**

I. 들어가며: 한국교회와 '공공성 위기'

공공성(公共性, publicity)에 관한 기독교적 관심과 그 중요성은 성서적 기원과 기독교 역사의 흐름 안에서 풍부하게 발견된다. 하지만 한국교회가 본격적으로 '공공신학'이라는 용어를 사용하며 기독교 담론으로 등장한 것은 아마도 2007년부터일 것이다. 당시 기독교윤리실천운동(이하 기윤실)은 다섯 차례에 걸친 세미나를 진행하였고 그 결과를 단행본으로

---

* 이 글은 「기독교사회윤리」 62 (2025. 8.)에 실린 필자의 글을 수정 및 보완한 것임.
** 한신대학교 교수 / 평화교양대학

묶어 『공공신학』이란 제목으로 출간하였다.[1] 이 책은 세속 사회 속의 특징으로서 공론장 및 공공성에 주목하고 이에 대한 신학적 의미를 탐구한 책으로, 이로써 본격적인 공공신학적 논의가 출발한 셈이다. 이 시기는 한국교회가 과거 양적 성장과는 반대로 교세 및 사회적 영향력이 감소하기 시작한 즈음이다. 즉, 한국교회의 위축 위기론에 대한 해법이 요구되고 있었다.

이런 맥락에서 등장한 것이 바로 한국교회의 '공공성 회복'이다. 이는 기독교의 사회적 책임에 대한 강조와는 결을 달리한다. 이전까지의 논의는 주로 교회가 개인 전도와 함께 사회적 책임이 모두 강조되어야 한다는 견해, 이른바 통전적 선교론이나 사회봉사 또는 사회 선교 등을 강조하는 맥락에서 이뤄졌다. 반면 '공공성 회복'이라는 어젠다는 한국교회의 위기 상황에서 등장한 것으로 보인다. 그 배경에는 교인의 감소뿐 아니라 몇몇 대형 교회와 목회자를 중심으로 제기된 도덕적 스캔들, 그로 인한 교회의 사회적 신뢰도 하락 등이 요인으로 자리한다. 즉, 공공성은 한국교회가 양적으로도 질적으로도 심각한 위기에 처해 있다는 공감대에서 비롯한 것이었다. 이런 분위기는 『공공신학』 서문을 쓴 임성빈 교수의 글에서도 잘 나타난다.

2008년 11월 20일 기윤실과 여러 기독교 기관이 공동으로 조사한 "한국

---

[1] 임성빈 외/기독교윤리실천운동 엮음, 『공공신학』 (서울: 예영커뮤니케이션, 2009).

교회의 사회적 신뢰도 여론조사"에 의하면, 한국교회를 신뢰한다는 응답은 불과 18.4%에 불과했다. … 이러한 위기 상황을 일찍부터 인식한 기윤실은 2007년 2월 창립 20주년 총회에서 기윤실 운동의 새로운 비전을 '한국교회의 사회 신뢰 회복'으로 발표하였다. 이 책이 한국교회가 직면한 새로운 도전에 효과적으로 응답하는 작은 혜안을 제공하고 한국교회의 공공성과 신뢰 회복에 작은 모퉁잇돌이 되었으면 한다.[2]

2025년, 이 논의가 시작된 후 18년이 지난 오늘 한국의 교회는 어떠한가? 우리는 여전히 공공성 위기를 논하고 있다. 어쩌면 더 심각한 위기에 봉착해 있는지도 모르겠다. '공공성'에 대한 강조는 전혀 새로운 것이 아니지만, 이를 실천하는 것은 그리 간단한 일이 아니다. 아마도 많은 교회가 "공공성은 중요하다"는 주장 자체는 수긍할 것이다. 하지만 구체적인 영역과 사안으로 들어가면 그 입장과 판단이 다를 것이라 예상된다. 여기에는 공공성 또는 공공신학에 대한 오해가 있기 때문이다.

---

2 앞의 책, 서문.

II. 기독교와 공공성: 오해를 이해하기

1. 공공신학에 대한 오해: 공공성은 무례하지 않다

사랑은 오래 참고, 친절합니다. 사랑은 시기하지 않으며, 뽐내지 않으며, 교만하지 않습니다. 사랑은 무례하지 않으며, 자기의 이익을 구하지 않으며, 성을 내지 않으며, 원한을 품지 않습니다(고전 13:4-5, 새번역).

고린도전서의 사랑에 관한 이 구절은 한국교회에서 가장 많이 알려지고 애용되는 말씀 구절 중 하나다. 여기, "사랑은 무례하지 않다"는 문장에 주목하지 않을 수 없다. 한국 사회에서 한국교회에 대한 이미지는 친절함과 무례함 중 어느 쪽에 가까울까? 코로나19 팬데믹 기간에 한국교회의 이미지는 '거리를 두고 싶은', '이중적인', '사기꾼 같은', '이기적인', '배타적인', '부패한' 등으로, 긍정적 이미지가 주를 이뤘던 천주교나 불교와 대조를 이루었다.[3] 이는 방역 위기의 상황에서 일부 교회와 기독교 집단이 대면 예배를 강행하는 과정에서 초래된 결과다. 이 당시 한국교회는 다른 사람들의 건강과 안전은 뒤로한 채 '예배의 자유'라는 권리를 주장하기 바빴던 이기적이고 무례한 태도를 적나라하게 보여주었다.[4]

---

[3] 엠브레인 트렌드모니터, "종교(인) 및 종교인 과세 관련 인식 조사," 2020. 7. 17. (전국 만 20-59세 남녀 1,000명, 온라인 조사, 2020. 6. 23~26.).
[4] 김상덕, "코로나19 팬데믹과 공공성, 그리고 한국교회,"「신학과 실천」76 (2021): 787-817.

물론 한국교회의 긍정적인 모습들을 기억하는 사람들도 많을 것이다. 예배당을 들어서면 친절한 환대와 가족 같은 교제, 다양한 행사와 프로그램 그리고 사회를 위한 봉사활동도 가장 열심히 한다. 그런데도 한국교회에 대한 이미지는 왜 부정적일까?[5] 왜 우리는 한국교회의 공공성 위기를 이야기하는 것일까? 아마도 한국교회가 '모든 사람'에게 친절한 것은 아니기 때문일 것이다. 오히려 특정 집단에는 매우 무례하기 때문이다. 이런 현상은 주로 개인이나 교회 내에서 일어나기보다는 거리와 광장 등의 공론장(public sphere)에서 두드러진다. 소위 '사랑의 기독교'인데, 왜 우리는 광장에서 그리 무례한 것일까? 이는 신앙의 유무가 아니라 표현의 문제인 것이다. 마치 데이트 폭력이나 가정폭력과 같이 서로 어울리지 않는 일이 일어나고 있다. 뭔가 단단한 오해 말이다.

한국교회는 공공신학을 마치 '공적인 이슈에 대해 기독교적 입장을 고집하거나', '그런 주장을 공론장에서 무례하게 표현하는 것', 나아가 '정책 형성에 영향력을 행사하는 것' 등으로 오해하는 경향이 있다. 이런 모습은 한국교회가 광장에서 보여주는 모습과도 유사하다. 하지만 이는 공공신학도 공공성의 회복도 아니다. 오히려 전혀 반대의 성질을 가지고 있다. 그 외관상의 모습은 광장이라는 공론장에서 공적인 주제에 대하여 의견을 자유롭게 표현하는 것처럼 보이기에 일종의 공공신학처럼 보일지

---

[5] 김상덕, "유기적 공동체 모델로서 공공신학 연구 — 성남 하모니포씨티 사례를 중심으로," 「신학과 실천」 89 (2024): 763-789.

모른다. 하지만 그 내면적 특징은 공공신학이 지향하는 가치들(열린 대화, 상호 존중, 다양성 인정, 공동선을 위한 지혜의 추구)과는 상반된 모습을 보인다는 것이다.6

실상 광장에서 한국교회가 보여준 모습은 어떠한가? 기독교라는 특수한 정체성을 지나치게 강조하고 있지 않은가? 그 결과, 교회라는 테두리 밖의 '세상'과는 잘 어울리지 못하는 경우가 많다. 교회 안과 밖 사이에 경계를 긋고, 경계 밖의 대상을 타자화하는(심지어 악마화하는) 독선적 태도를 보이기도 한다. 신앙이라는 이름의 안경을 쓰고 자신과 생각이 다른 사람을 성급하게 평가하고, 심지어 공개적으로 표현하는 것은 잘못된 행동이다. 공공신학은 오히려 다양한 사람들을 인정하고 서로의 생각에 귀를 기울여야 한다고 말한다. 그런데 한국교회는 특정 대상들을 향해 너무도 쉽게 '죄인', '세속적인', '더러운' 혐오 집단으로 인식하고 또 그렇게 대한 것은 아닌지 진지하게 성찰할 필요가 있다. 리처드 마우의 표현처럼, 왜 한국교회는 그토록 일부 집단을 타자화하거나 악마화하는 무례를 범하는 것일까?7 오늘날 광장의 기독교는 우리가 아는 그 기독교가 맞는 것일까?

---

6 다음 글들을 참조하라. Elaine Graham, *Between a Rock and a Hard Place*, 박세혁 역, 『종교성과 세속주의 사이』(서울: 비아토르, 2025); 김창환, 『공공신학과 교회』(서울: 대한기독교서회, 2021); 성석환, 『공공신학과 한국 사회』(서울: 새물결플러스, 2019); Ellen Ott Marshall, *Christians in the Public Square*, 대장간 편집실 역, 『광장에 선 그리스도인』(대전: 대장간, 2010).

7 Richard Mouw, *Uncommon Decency*, 홍병룡 역, 『무례한 기독교』(서울: IVP, 2014).

2. 미국 복음주의와 흔들리는 신앙

이런 질문은 비단 한국교회만의 고민은 아닌 듯하다. 특히 우리에게 많은 영향을 준 미국의 기독교에서도 유사한 고민의 흔적은 차고 넘친다. 리처드 마우는 그의 책 『흔들리는 신앙』에서 이런 고민과 마주하여 씨름한다.[8] 그는 오늘날 시대에 '복음주의자'라는 꼬리표에 대해 언급하며, 그것이 이전과는 많이 달라진 이미지로 인식된다는 현실을 인지하면서도, 자신이 '복음주의자'이기를 포기하지 않는 이유에 대해 스스로와 독자들에게 묻고 대답한다. 마우는 소위 미국의 복음주의가 '비합리적'이고 '근본주의적'이며 '지나치게 정치적인' 집단으로 변질되었다는 평가에 상당 부분 동의한다.[9] 왜 그럴까? 그는 복음주의자들이 가진 '확정적인 태도' 때문이라고 보았다.

복음주의자는 성경에 대한 확신, 흔들림 없는 확신, 신념을 지켜내기 위한 강력한 태도와 실천이 곧 믿음인 것처럼 오해하는 경향이 있다. 그래서 성경이 가진 모호성을 이해하지 못하거나 혹은 견디지 못한다. 하지만 마우는 성경 안에도 다양한 문화가 혼재하고 다양한 입장과 해석의 모호성이 존재함을 인정해야 한다고 강조한다. 성경 밖의 이야기와 창조주 하나님의 전 지구적 통치 사이의 긴장을 인정해야 한다는

---

8 Richard Mouw, *Restless Faith*, 김재준 역, 『흔들리는 신앙』 (서울: SFC출판부, 2021).
9 그러면서도 그것이 자신이 알고 지키고자 하는 복음주의의 본질은 아니라고 주장한다.

것이다. 즉, 기독교 문화권과 그 밖의(예를 들어 선교지) 문화권 사이에서 하나님의 구원을 이야기하는 일에는 신학적 긴장이 존재한다.

하나님이 창조하신 세상은 성경에 등장하는 서사와 경계를 초월한다. 그런데 우리는 하나님의 역사란 오직 성경의 이야기가 전부인 것처럼 착각하곤 한다. 마우는 성경의 테두리 바깥의 영역에 대한 모호성을 인정해야 한다고 설득한다. 모호성은 신학적 겸손의 다른 이름이다. 피조물인 우리가 창조주 하나님의 뜻을 모두 헤아릴 수 없는 것처럼 말이다. 따라서 모호성은 신앙이 약한 것도 흔들리는 것도 아니다. 오히려 신앙이 깊어지고 성숙해지는 과정이다. 우리가 헤아릴 수 없는 영역에 대한 신뢰를 의미하기 때문이다. 우리는 이런 태도를 가리켜 '신비'라고 말한다.10

모호성을 인정하고 하나님의 신비를 받아들이는 신앙은 복잡하고 다원화된 현대 사회에서 그 어느 때보다 중요한 공공신학의 한 부분이 되었다. 예를 들어 코로나19 팬데믹이라는 전 지구적 재난에 대한 기독교의 반응은 크게 두 가지 입장으로 나눌 수 있다. 하나는 이 재난의 원인이 인류의 죄 때문이라고 단정하고 그리스도의 구원을 강조하는 입장이고, 다른 하나는 팬데믹의 원인은 모호할지라도 우리가 할 수 있는 것은 그로 인해 고통받는 자들과 함께 울고 재난 극복을 위해 사회적 연대에 힘써야 한다는 입장이다.11 두 관점 모두 성경에 근거한

---

10 Richard Mouw, 『흔들리는 신앙』, 129-140.

기독교적 입장을 포함한다. 하지만 전자의 경우, 팬데믹이라는 전 지구적 재난의 원인과 복잡한 맥락을 지나치게 간소화하고 단지 '죄와 구원'의 틀로 단순화하여 해석하는 일종의 환원주의에 빠지고 말았다.

3. 윤리적 모호성과 겸손의 교양

"예수 천국, 불신 지옥" 한 문장이면 이 세상 모든 문제와 해답을 함축한다고 믿는 것과 유사하다. 소위 기독교 세계관 운동이 가진 한계도 비슷하다. 그 의도와 달리 모든 문제에 대한 해답을 기독교가 (또는 기독교만이) 제시할 수 있다고 믿었기 때문이다. 하지만 이런 믿음이 얼마나 순진한 것인지 드러나는 데는 그리 오랜 시간이 필요하지 않았다. 기술이 발전하고 사회가 복잡해져 감에 따라 종교가 대답할 수 있는 영역들이 줄어들게 되었다.[12] 예를 들어 기독교는 전쟁을 지지하는가? 특히 핵무기와 같은 대량살상무기를 보유한 시대에 이것은 성경적으로 정당화될 수 있는가? 주류 기독교 전통은 오랜 역사를 거쳐 정당한 전쟁을 지지하는 것처럼 보였지만, 현대전(現代戰)의 맥락에서는 그 원칙이 지켜지기 어려운 것이 사실이다. 왜냐하면 복잡한 국제 정세에서

---

11 김상덕, "코로나19 팬데믹과 공공성, 그리고 한국교회," 804-808.
12 사실 종교가 모든 세속 학문 위에 군림하던 시절은 중세 시대 이후로 막을 내렸다. 기술 및 과학의 발전은 합리성과 전문성을 중심으로 '기독교 왕국'의 막을 내리게 하고 근대의 등장을 가져온 장본인 중 하나다.

완벽한 정의나 전쟁의 사유란 불가능하기 때문이다. 설령 가능하다 하더라도 오늘날의 전쟁은 민간인과 주변국을 포함한 불특정 다수가 피해를 보는 상황에서 정의로운 전쟁일 수 없기 때문이다. 따라서 세상의 모든 해답이 성경에 있다고 보는 것은 위험한 일일 수 있다. 따라서 우리는 성경을 렌즈로 현대 사회의 공적 이슈를 해석하고 적용함에 매우 신중해야 한다.

에모리대학교에서 기독교윤리학을 가르치는 엘렌 오트 마샬(Ellen O. Marshall)도 공론장 속 모호성의 중요성에 대해 강조한 바 있다. 마샬은 그의 책『광장에 선 그리스도인』에서 서로 다른 집단 간의 대화를 위하여 사랑의 태도와 신학적 겸손 그리고 윤리적 모호성을 주장한다.[13] 그녀의 주장에 따르면, 윤리적 어젠다에 관한 목표와 당위성에 대해서는 상당 부분 공감과 동의를 얻어낼 수 있지만, 구체적 실천의 단계에서는 그렇지 않다. 같은 주제라도 다양한 배경의 집단마다 가진 이해관계가 다르기 때문이다. 따라서 공적인 주제에 관한 하나의 일치된 견해를 도출하거나 그 입장만을 고수하는 것은 지양해야 하며, 오히려 각각의 판단의 근원이 무엇인지를 인정하고 존중함으로써 대화를 이어가야 한다고 설득한다.

내가 말하고자 하는 바는, 현실 속에서는 윤리적 모호성과 윤리적 확실성이 너무도 자주 공존함을, 그래서 주어진 문제에 대한 확실성을 느낌과

---

13 Ellen Ott Marshall, 『광장에 선 그리스도인』, 87-143.

동시에 그와 관련된 불편함을 경험하는 것이 보편적임을 표현하려는 것이다.14

하지만 이런 윤리적 모호성을 견디지 못하고 오히려 윤리적 확실성을 주장하는 목소리도 존재할 것이다. 이들은 윤리적 모호성이 윤리적 이슈에 대한 미온적인 태도를 갖게 함으로써 윤리적 이슈에 대한 무감각한 반응을 조장한다고 비판한다. 또한 윤리적 모호성은 정치적 변화와 개혁에는 어울리지 않는 비효율적인 것으로 치부한다. 이에 대해 마샬은 윤리적 모호성을 주장하는 것이 사회 변혁을 위한 행동을 중지하라는 것은 전혀 아니라고 반박한다. 오히려 "우리의 윤리적 심사숙고가 멈춤 없이 계속되어야 함을, 그래서 우리가 취한 입장들이 다시 점검되고 더 발달하여 우리의 입장을 주장함과 동시에 취해져야 할 보완적인 과제들을 실천하게 된다"고 힘주어 말한다.15

4. 이해하기: 근본주의, 극우주의 그리고 뉴라이트

기독교 역사를 살펴보면, 교회가 성(聖)과 세속(世俗)을 구분하듯이 기독교와 그 경계 밖의 대상을 선과 악으로 구분하고 타자화한 사례들을

---

14 앞의 책, 130.
15 앞의 책, 142.

발견할 수 있다. 종교재판과 마녀사냥부터 십자군 전쟁과 현대 테러리즘에 이르기까지 정치·경제적인 이해관계가 종교의 탈을 쓰고 끔찍한 폭력의 역사를 반복했다. 정치 이데올로기와 종교적 신념이 결합하여 탄생한 집단의 정체성은 무엇보다 견고하여 경계를 긋고 '우리'와 '그들'을 구분하는 집단주의 또는 전체주의로 변질되기 쉽다.

1) 이분법적 세계관과 군사주의 담론

극우적 전체주의는 외부 집단에 대한 혐오와 적대감을 통해 몸을 입고 힘을 얻는다.[16] 혐오와 적대감이 강할수록 내부 집단에 대한 결속력은 강화된다. 피아를 구분하고 경계를 긋는 방식으로 자신과 집단 정체성을 강화하는 것은 성경의 방식과는 거리가 멀다. 이는 군사주의의 전형이다. 여기에는 두 요소가 필수적인데, 하나는 아군을 지키는 영웅이고, 다른 하나는 적군의 혐오스러움이다. 모름지기 우리의 적은 죽어 마땅한 '악랄함'을 지녀야 하기 때문이다. 그 적은 우리의 경계를 무너뜨리는 존재로 여겨진다. 또한 언제, 어느 때 우리 가족과 이웃, 우리나라를 망하게 할지도 모른다는 불안감도 추가된다. 따라서 '그들'로부터 '우리'를 보호하는 것, 즉 안보가 무엇보다 우선한다. 이런 군사주의 문화는

---

16 김상덕, "혐오는 어떻게 몸을 이루는가: 집단 혐오에 관한 신경인문학적 성찰과 체화된 사랑으로서 성육신에 관한 고찰,"「신학사상」 209 (2025): 107-148.

그리스로마 시대부터 중세 유럽을 거쳐 전체주의와 냉전 체제에 이르기까지 가장 강력한 정치 담론으로 작용해 왔다.[17] 하지만 폭력은 또 다른 폭력을 낳을 뿐이다. 두 차례의 세계대전과 수많은 내전의 역사가 이를 증명한다.

하지만 성경의 가르침은 경계를 허물고, 차이를 포용하며, 화해를 추구한다. '힘에 의한 평화'는 겉으로 보기에 번영과 질서를 약속하는 것처럼 보인다. 하지만 이것은 지배 세력과 이를 동조하는 집단에게만 해당하는 평화다. 반면에 그 경계 밖에는 억압과 통제, 배제와 차별이 일어날 수밖에 없다. 이런 맥락에서 예수께서 로마제국의 통치 시기에 오셨다는 사실과 그 힘에 저항한 자에게 내려지는 형벌인 십자가에 달려 돌아가셨다는 사실은 매우 중요하다. 그리스도의 평화는 선과 악을 구분하여 경계 밖으로 내몰지 않는다. 예수께서는 오히려 경계 밖 사람들과 함께하셨다. 그리스도의 구원은 분명 모든 사람을 위한 것이었으나, 그것은 우선적으로 힘이 없는 약자와 고통받는 자들에게 더 환영받는 것이었다. 이는 구원에는 경계가 없으며 모든 사람을 포용하는 은혜를 강조하는 의미이다.

흑과 백, 선과 악의 이분법적 경계선은 그리스도의 은혜 앞에서 흐릿해지고, 결국에는 사라진다. 미로슬라브 볼프는 오늘날 다원화 사회에서 복음의 의미가 어떻게 왜곡되고 또 회복되어야 하는지를 "배제"와

---

17 박충구, 『종교의 두 얼굴』(서울: 홍성사, 2013).

"포용"이라는 두 단어로 정확히 포착하였다. 그는 그리스도의 복음이 하나님의 커다란 구원의 역사 안에서 해석될 때, 그것은 경계를 허무는 "모든 사람"을 위한 것이며, 차이와 다름을 포용하는 것이며, 모두를 품에 안는 포옹과 같다고 주장한다.18 따라서 볼프는 하나님의 구원은 그의 가족과 민족을 괴롭혔던 체트닉 민족을 향해서도 동일하게 적용되어야 한다고 믿는다. 그러기 위해서는 우리를 갈라놓았던 경계와 과거의 기억으로부터 새로워져야만 가능하다.19

2) 영적 전쟁에서 문화 전쟁으로

기독교는 세상을 '우리'와 '그들'로 구분하는 것을 지양해야 한다. 이는 다원화된 사회 속에서 더불어 함께 살아가기 위한 평화적 공존의 윤리이다. 하지만 근본주의자는 다원성을 자신의 집단 정체성을 깨뜨리는 요소로 이해하곤 한다. 이들은 자신들의 정체성을 세속으로부터 분리함으로써 지켜내려 하고, 이를 특정한 과거의 문화 양식을 고수하는 것으로 실현하려고 노력한다. 소위 세속 문화를 '영적 전쟁'이 일어나는 격전지로 여기며, '기독교 문화'를 지키는 것을 곧 자신의 신앙 정체성을 지키는 일로 받아들인다.

---

18 Miroslav Volf, *Embrace and Exclusion*, 박세혁 역, 『배제와 포용』(서울: IVP, 2021).
19 Miroslav Volf, *The End of Memory*, 홍종락 역, 『기억의 종말』(서울: IVP, 2023).

이는 리처드 니버가 『그리스도와 문화』에서 기독교와 문화의 관계를 다섯 가지 유형으로 구분하면서 가장 경계했던 '문화에 저항하는 그리스도'(Christ against culture) 유형과도 유사하다. 특히 이런 이분법적 태도는 근본주의자에게서 종종 발견된다. 이들은 세속으로부터 자신의 신앙을 지키기 위하여 분리를 넘어 저항과 대결을 두려워하지 않는다. 니버는 이런 유형의 신앙이 '문화적 보수주의' 형태로 등장한다고 설명한 바 있다.

근본주의자들이 이른바 자유주의, 즉 문화적 프로테스탄티즘을 그렇게도 자주 공격하는 그 자체가 문화에 대한 하나의 충성을 표시하는 것이다. 많은 근본주의자의 관심은 문화적 충성을 시사하고 있다. 전부는 아니라 할지라도 대부분의 반(反)자유주의자들은 예수 그리스도의 주권보다도 옛 문화의 우주론적 또는 생물학적 지구 파멸에 대한 고대 문화의 이념을 수락하느냐, 하지 않느냐 하는 것으로 그리스도에 대한 충성의 시금석을 삼는다. 이보다도 더 중대한 것은 그들이 그리스도에게 관계시키는 관습들은 적어도 신약성서와의 관계보다도 사회적 관습과의 관계가 더 깊다는 사실이다. 이 사실은 그들의 적대자들의 그것과 동일하다. 금주(禁酒)를 실천하는 것과 초대 미국의 사회 조직을 그대로 보존하는 것을 예수 그리스도에 대한 순종과 일치시키는 운동은 문화적 기독교의 유형임에 틀림없다.[20]

니버의 다섯 가지 유형론은 기독교의 역사 속에서 다양한 입장이 있었다는 것을 이해하는 데 유용한 관점을 제공한다. 하지만 니버의 유형론은 실제 교회가 문화로부터 완전히 분리될 수 없으며 분리된 적도 없다는 점에서 한계를 갖는다. 또한 서구 기독교 중심의 관점에서 기독교와 문화를 구분했기에, 비서구 비기독교 문화권에 대한 관점이 반영되지 못한다는 점에서도 한계를 갖는다. 이런 이유로 신학자들, 특히 선교학이나 기독교와 문화를 연구하는 학자들은 기독교와 세속 사회를 구분하는 대신에, 다양한 인류 문명 속에서 공통으로 발견되는 종교성, 즉 신을 향한 염원이나 궁극적 관심을 문화인류학적인 관점에서 이해하고 대화를 시도한다.[21] 기독교와 문화의 관계에서 혼종성이란 자연스러운 일부이자 결과이다. 만일 우리가 기독교와 세속 사회를 '흑과 백'처럼 이분법적으로 구분한다면, 소위 '기독교의 진리'는 기독교 국가 또는 기독교 문화권만의 이야기로 제한될 수밖에 없다. 근본주의적 기독교 정치 세력이 주장하는 것도 이와 다르지 않다.

---

20 Richard Niebuhr, *Christ and Culture*, 김재준 역, 『그리스도와 문화』 (서울: 대한기독교서회, 1958; 2005), 131.
21 Richard Mouw, 『흔들리는 신앙』, 83-87. 이를 가리켜 폴 히버트(Paul Hiebert)는 "중간 범위"라고 표현했다. 이는 선교지에서의 복음의 '상황화'와도 연결되고, 폴 틸리히가 말하는 '궁극적 관심' 개념과도 일맥상통한다.

3) '정체성 정치'와 뉴라이트 운동

영국의 공공신학자 일레인 그레이엄은 복음주의자의 문화적 보수주의 현상을 '정체성 정치'의 관점에서 분석한다.[22] '정체성 정치'라는 용어는 1960년대와 1970년대 진보적 사회운동에서 시작된 것으로서, "개인적, 집단적 주체성의 경험에 기초한 권리와 인정을 주장한 결과"로 등장했다. 특히 미국 여성주의와 흑인 민권 운동, '동성애자 해방' 같은 소수자의 인정을 위한 투쟁의 과정에서 비롯한 것이다. 따라서 정체성 정치에서는 "보편적이거나 일반적인 권리보다는 차이와 특수성에 기초한 정치적 행위 능력"에 더 강조를 둔다. 이미 기울어진 운동장에서 중립은 공정한 것이 아니라는 인식과도 유사하다. 따라서 사회적 약자와 소수자의 권리를 옹호하고 강화하기 위한 제도적 변화(재분배)와 평등한 사회 구성원으로서의 '인정의 정치'를 포함한다는 특징을 갖는다.[23]

그레이엄은 정체성 정치의 내부적 동력을 "문화적 '주류'로부터 배제되고 있으며 그것과 다르다는 감정이 저항과 재건의 원천이 된다"고 보았다. 즉, 전통적인 정치 이념이나 관념적 논의보다 개인적인 경험이 더 공적이고 정치적인 힘을 일으킨다고 보는 것이다. 일반적으로 정체성

---

22 Elaine Graham, 『종교성과 세속주의 사이』, 300-304.
23 앞의 책, 300-301. 이와 관련한 대표적인 글로는 Nancy Fraser and Axel Honneth, *Redistribution or Recognition?*, 김원식·문성훈 역, 『분배냐, 인정이냐』 (고양: 사월의책, 2014).

정치는 진보적 정치 성향을 동반하지만, 반대의 경우들도 발생한다. 특히 유럽의 극우 정치 정당의 재등장이나 미국의 백인 우월주의의 득세가 그 예다. 이들은 자신들이 당면한 위기의 원인을 다른 인종이나 이민자들로부터 찾으며, 그들을 우대하는 정책으로 인한 역차별을 주장한다. 이를 재전복하기 위한 강력한 정체성으로서 백인 우월주의를 전면에 내세운다. 또한 이를 증명하기 위한 왜곡되고 편향된 정보를 생산하고 유통하는 것을 통해 자신들의 정체성을 강화한다.

그레이엄은 정체성 정치가 원래 의도했던 방향과는 반대로 "다문화주의와 평등한 권리라는 가치를 거꾸로 뒤집는 수단"이 되어버렸음을 지적한다.[24] 그리고 비슷한 예를 1980년대 미국의 뉴라이트 운동에서도 발견할 수 있다고 설명한다.

> 새로운 기독교 우파가 이전 몇십 년 동안의 자유주의 정치 운동 다수에 대한 반동으로 등장했던 점이나 이 운동을 주도한 이들이 '문화 전쟁'에 관해 이야기하고 '전통적인' 미국적 가치와 진보 세력 사이의 투쟁 담론을 국가의 영혼을 차지하기 위한 장엄한 전투라는 틀로 제시하는 것이 유리함을 발견했다는 점과도 분명히 유사성을 지닌다.[25]

---

24 Elaine Graham, 『종교성과 세속주의 사이』. 302.
25 앞의 책, 302-303.

그녀가 미국 복음주의의 문화적 보수성을 '정체성 정치'의 틀로 읽어낸 점은 오늘 한국교회에도 매우 중요한 통찰을 제공한다. 이는 한국교회가 광장에서 사용하는 언어와 그 서사가 매우 유사하기 때문이다.[26] 한국의 경우, 그 대상이 '반공'과 '반동성애'로 바뀌었을 뿐, 그 담론의 서사나 틀은 미국의 기독교 우파가 채택한 정체성 정치의 모습과 상당히 유사하다. 결국 한국교회가 당면한 공공성의 위기란 다원화 사회에서 기독교의 특수성과 우월성을 강조하는 한국 기독교 우파의 '정체성 정치' 맥락에서 발생한다. 이는 극우적이고 근본주의적 성향을 지니며 오늘날 보편적 인권과 다양성의 가치와 충돌한다.

5. 흔들리는 신앙: 정체성과 공공성 사이에서

마우가 지적한 복음주의가 가진 한계는 일차적으로 미국의 교회를 향한 것이다. 하지만 이는 오늘 한국교회에도 필요한 이야기다. 그들은 자신의 신앙 또는 신념에 대한 강한 확신으로부터 안정감을 찾는다. 반면에 그 확신이 흔들리는 것을 두려워하고, 이를 흔드는 외부적 요인들을 향해 경계하며, 신념의 울타리를 지키려고 노력한다. 이런 태도에 대하여 마우는 성경의 모호성을 인정하는 것이 신앙이 약해져서 흔들리는

---

[26] 강인철, "한국 개신교와 보수적 시민운동: 개신교 우파의 극우·혐오정치를 중심으로," 「인문학연구」 33 (2020): 3-30.

것은 아니라고 강조한다. 오히려 이 흔들림을 인정하고 받아들이는 것이 진정한 신앙에 가까워지는 것이라고 보았다. 흔들림은 신앙의 본성과도 같다. 성 아우구스티누스는 『고백록』 도입부에 아래의 기도문을 적고 있다.

주님께서는 주님 자신을 위해 우리를 만드셨습니다. 그리고 우리의 마음은 주님 안에서 안식을 찾을 때까지 흔들립니다.27

엘렌 오트 마샬도 모호성을 부정적인 것이 아니라 다른 사람의 입장에 민감해지도록 하는 긍정적 기능을 수행한다고 보았다. 이는 근본주의자의 강한 확신이 자신과 다른 사람들을 악마화하는 태도로부터 보호하는 역할을 한다.

윤리적 모호성은 우리가 다른 사람들의 입장에 대해 민감해지도록 함으로써, 우리가 자신과 일치하지 않는 사람을 이단시하는 것을 방지한다. 더욱이 우리가 확신하고 내린 결정에도 유감스러운 요인들이 있다는 사실을 인식함으로써 스스로 의롭다는, 일종의 절대주의에 떨어지는 것을 막아준다. 우리가 다른 사람의 입장에도 진실이 있음을 인식하고

---

27 St. Augustine, *Confessions and Enchiridion*, trans. Albert C. Outler (Grand Rapids, MI: Christian Classics Ethereal Library, 2006), 2013. 강인철, "한국 개신교와 보수적 시민운동," 93에서 재인용.

우리 자신의 견해가 절대적으로 옳다는 주장을 내려놓을 때, 우리는 상대와 관계를 맺을 가능성을 열고, 그래서 화해까지도 가능케 하는 공간을 창조하는 것이다.[28]

한국교회의 공공성 위기도 미국의 상황과 크게 다르지 않다. 근본주의자의 지나친 자기 확신과 이분법적 사회 인식 그리고 문화 전쟁 프레임까지 서로 닮은 면이 많다. 무엇보다 광장에서의 무례한 모습이 결국 자신의 집단 정체성을 보호하기 위한 심리에서 비롯했다는 점은 공공성에 대한 왜곡된 인식을 잘 보여주는 것이라 할 수 있겠다.

III. 한국교회의 '진짜' 공공성 위기
   : 종족주의적 혐오와 차별

앞 장에서는 한국교회가 가진 공공성에 대한 오해에 대해 살펴보았다. 그리고 그러한 오해의 배경이 다원화된 사회적 맥락에서 기독교의 집단 정체성을 지키기 위한 것이었음을 다루었다. 하지만 그런 태도는 이분법적 세계관으로 기독교와 세상을 양분화하고 복잡한 공적 이슈들을 단순화하여 이해하는 경향을 보인다고 설명했다. 또한 이런 태도는 강한 내부적

---

28 Ellen Ott Marshall, 『광장에 선 그리스도인』, 142.

신념과 자기 확신의 태도를 동반하기에 집단 외부의 대상을 타자화하고 적대시하는데, 이는 군사(영웅)주의나 극우 전체주의와도 상당한 유사점을 가진다. 특히 기독교 정체성과 특수성을 강조하는 경향성은 주로 문화적으로 보수적 성향으로 나타난다. 즉, 특정한 과거 세대의 문화적 요소나 실천을 집단 정체성의 핵심으로 이해하고, 그것을 통해 외부와의 경계를 만들어 싸우는 방식인 '문화 전쟁'의 양상으로 등장한다.

결국 오늘날 한국교회가 마주하는 '진짜' 공공성 위기란 '정체성'과 '공공성' 사이에서의 갈등과 긴장을 어떻게 이해하는가와 깊게 연관되어 있음을 알 수 있다. 필자는 한국교회가 광장에서 보여준 무례한 행동의 심연에는 외부 환경으로부터 자신을 보호하는 일종의 생존 본능과 유사한 것이 있다고 본다. 이는 집단 내부의 동질성에 안정감을 느끼는 반면, 외부 요인에 대해서는 방어적으로 느끼는 일종의 자기방어 기제인 셈이다. 이런 현상은 관념적으로 접근하기보다 경험적이고 심리적인 현상으로 해석될 필요가 있다. 신경과학에서는 내집단에 대한 애착과 외집단에 대한 방어적 행동을 '공감'(empathy)의 개념으로 설명한다.

1. 공감의 관점에서 본 종족주의(동일성의 신화)

종족주의(tribalism)는 인류의 본능에서 비롯한다. 과학자들은 이를 '공감'이라는 관점에서 해석한다. 공감을 연구하는 과학자들은 공감을 크게 두 분류로 구분한다. 하나는 공감이 인간이나 동물이나 모두에게서 발견되는 본능이며 선천적인 능력이라는 관점이다. 이를 가리켜 '정서적 공감'이라고 한다. 다른 하나는 공감에는 후천적인 면이 있다는 것인데, 사회적 환경과 맥락 속에서 학습되고 발전될 수 있다는 관점이다. 이를 가리켜 '인지적 공감' 또는 '사회적 공감'이라고 한다.

먼저 정서적 공감의 경우, 비단 인류만이 아니라 동물에게서도 이런 현상이 발견되는데, 주로 포유류에서 나타난다. 공감은 주로 '거울 신경계'를 통해서 일어나는데, 가장 큰 자극은 시각이다. 예를 들어 한 쥐가 유리관 안에 분리된 채 상대편 쥐가 고통을 겪는 장면을 보는 것만으로도 비슷한 고통을 느낀다. 흥미로운 점은 이런 경향이 아예 모르는 쥐보다 같은 무리에 있었을 때 더 높으며, 어미 쥐가 새끼 쥐를 볼 때, 암컷이 수컷보다 더 높은 공감을 보인다는 것이다. 이는 공감이란 본능이고 자기 새끼와 종족을 보존하기 위해 필수적인 능력을 의미한다. 하물며 인류는 어떠할까? 엄마는 아이의 표정을 보면서 즐거운지, 편안한지, 아니면 아픈지 알아낸다. 결국 공감은 서로 다른 개체 간의 소통을 가능하게 하고, 나아가 무리를 이루고 질서를 유지하는 조절 능력을 담당한다. 따라서 공감은 개별적 개체가 아니라 집단으로 살아가도록 만드는 중요한 능력인 셈이다.[29]

반면 사회적 공감의 경우, 공감이 사회적 맥락 안에서 후천적으로

---

29 김상덕, "공감의 두 얼굴, 그리고 종교 ─ 공감에 관한 신경인문학적 성찰과 종교의 역할,"「신학사상」207 (2024): 286-287. 프란스 드 발/최재천 옮김,『공감의 시대』(파주: 김영사, 2017), 107-109에서 재인용.

학습되고 계발될 수 있다고 본다. 이런 주장이 중요한 이유는 공감이 꼭 좋은 면만 있는 것은 아니기 때문이다. 공감이란 자기와 동일한 대상 및 집단에는 이로운 감정이지만, 반대로 자기 집단이 아닌 외집단에는 방어적이거나 공격적인 형태로 나타날 수 있기 때문이다. 예를 들어 폴 블룸(Paul Bloom)은 그의 책 『공감의 배신』에서 오늘날 대부분의 혐오와 배제의 문제는 '공감의 부족' 때문이 아니라 '공감의 과잉' 때문이라고 주장한다.30 공감은 마치 동전의 양면과 같아서 나와 유사한 내집단에게는 긍정적이고 이타적 행태를 보이지만, 반면 외집단에게는 배제와 폭력의 행태로 나타날 수 있다고 경고하는 것이다.

2. 공감의 반경: 부족 본능과 종교

국내에서도 공감에 관한 비판적 성찰을 찾아볼 수 있다. 진화생물학자 장대익은 그의 책 『공감의 반경』에서 왜곡된 정서적 공감이 내집단과 외집단을 나누는 경계를 만든다고 주장한다.31 특히 그는 내집단에게 친절하고 외집단을 차별하는 경향성을 가리켜 '부족 본능'(tribal instinct)이라고 부른다.32 그의 문제의식은 '공감의 반경'이 너무 편협하다는

---

30 Paul Bloom, *Against Empathy*, 이은진 역, 『공감의 배신』 (서울: 시공사, 2019). 원제목은 "공감에 반대하며"(Against Empathy)로, 좀 더 직관적임을 알 수 있다.
31 장대익, 『공감의 반경』 (서울: 바다출판사, 2022).
32 앞의 책, 34.

데 있다. 즉, 공감의 반경이 '우리'라고 하는 가족, 동족, 민족, 국가 등으로 한정될 때 배제와 폭력이 발생한다고 보았다. 즉, 내부 집단을 향한 공감이 너무 강하면, 그 에너지는 외부 집단을 밀어내고 그들을 타자화하여 갈등이 발생한다고 본 것이다.

장대익은 인간이 내집단을 선호하고 자기를 동일시하는 인간에게 선천적으로 혹은 유전적으로 내재된 본능이라고 설명한다. 이를 통하여 자신의 부족을 선택하고 외집단(경쟁자)을 배제하는 방식으로 생존해 왔을 것이라는 입장이다. 이런 과정에서 '우리' 밖의 '그들'은 인간이 아니라 야만인이거나 전염병이거나 짐승 혹은 귀신, 물건 등 인간 이하의 취급을 받게 되었다는 것이다. 다시 말해 부족으로서 인간은 부족 경계 안팎으로 인간과 비인간으로 구분했다는 것이다. 결국 인류의 역사에서 제기되는 인간에 대한 대상화·타자화하는 혐오와 배제의 문제가 여기에 해당한다.[33]

안타깝게도 장대익은 종교의 역할을 부정적으로 평가한다. 그는 종교가 동일성에 기반한 부족 본능을 강화하고, '우리'와 '그들'로 경계를 나누길 좋아하고, 경계 밖의 대상을 혐오하거나 배제하는 것을 정당화해 왔다고 비판한다. 특히 한국교회가 제주 예멘 난민 신청자들을 향해

---

33 김상덕, "공감의 두 얼굴, 그리고 종교," 294. 장대익, 『공감의 반경』, 44-50에서 재인용.

혐오의 목소리를 내세운 일이나 사회적 소수자들을 혐오하고 배제하려는 사례들을 예로 든다. 뼈 아픈 지적이다. 하지만 그의 비판에 전적으로 동의하는 것은 아니다. 장대익은 종교의 속성을 고정된 것으로 가정하고 있는데, 사실은 그렇지 않다. 종교의 역사 안에는 공감의 반경을 확장시키는 사례들이 많이 존재하기 때문이다. 그럼에도 과학자의 눈에 비친 '광장의 기독교'의 모습이 뒤틀린 공감의 모습, 즉 배제와 혐오의 모습이었다는 비판은 깊이 새겨들어야 할 것이다.

3. 인권과 다양성 그리고 '인간 가족'

국제연합(UN)의 설립 배경은 두 차례의 세계대전으로 인한 도덕적 절망에서 벗어나 더 이상 인류가 서로를 죽고 죽이는 일을 하지 않겠다는 깊은 성찰에서 비롯한다. 이런 맥락에서 국제연합이 설립 후 가장 먼저 한 일은 바로 "세계인권선언문"을 발표한 것이다. 인권이란 개인의 자유와 평등에 관한 권리이며 그에 대한 보장이다. 이를 제대로 이해하기 위해서는 국가와 개인이라는 틀 안에서 이해해야 하는데, 왕권 국가에서는 왕이 곧 법이었고 체제 그 자체였다. 민족 국가는 어떠한가? 민족이라는 국가 공동체가 왕권을 대체했을 뿐, 여전히 개인의 희생과 불평등을 정당화한 점에선 크게 다르지 않다.

데이비드 톰슨(David G. Thompson)은 "세계인권선언문"의 가치와 의미를 기독교적 관점에서 읽기를 시도한다. 톰슨은 유엔 인권선언문이

가진 의미에 대하여, "정당한 통치를 위해서는 모든 사람(남성, 여성, 흑인, 백인, 유색인 등)의 기본적인 불가침성(성, 인종, 종교 혹은 그 밖의 어떤 차이를 막론하고 중요한 것은 사람이다)을 인정해야 한다는 사실에 대해 국가들이 전 세계적 차원에서 동의한 경우는 지금껏 단 한 번도 없었다"며 그 가치를 높이 평가한다.

이처럼 모든 사람이 법 앞에서 평등하다는 사실을 보증하는 단정적 태도는 세계인권선언의 30개 조항에 나타나 공통 요소로서, 권리를 향한 출발점을 국가에서 개인으로 이양하는 과정에 기여한다.[34]

국가를 위해 개인이 희생을 강요하고, 나아가 폭력적 억압을 정당화하는 것을 가리켜 '독재'라고 부른다. 전체주의(파시즘)에 대한 윤리적 비판은 바로 여기서 비롯한다. 특히 히틀러는 '독일인 공동체'의 우월성을 내세우며 '열등한' 다수의 개인을 무참히 살육하기에 이르렀다. 하지만 인권의 정신은 특정 민족이나 국가도 아니며 종교나 문화로도 구분될 수 없는 가치를 지향한다. 그리고 무엇보다 한 개인의 존엄을 국가보다 우선하며 더 큰 울타리로서 '인간 가족'의 비전을 제시한다.

---

34 David Tompson, "통합의 높은 대가," Kevin Vanhoozer, ed., *Everyday Theology*, 윤석인 역, 『문화신학』 (서울: 부흥과개혁사, 2009), 170-171.

세계인권선언의 전문을 다시 살펴보면, 우리는 그 내용이 인간 가족의 모든 '구성원'이 지닌 고유한 존엄성과 양도할 수 없는 권리부터 시작해서, 이런 권리들을 보호하고 증진한다는 회원국의 서약으로 마무리되고 있음을 보게 된다.35

"세계인권선언문"은 국가를 우상화하여 특정 민족이나 종교를 타자화하고 핍박했던 폭력의 역사를 거부하고, 나아가 평화로운 사회 건설을 위한 개인의 전 지구적 연대와 상호 의존성의 필요를 강조한다. 톰슨이 보기에 이는 기독교적 가치와 일치한다고 보았다. 왜냐하면 인권의 정신은 모든 인간이 '하나님의 형상'으로 빚어진 하나님의 피조물이기 때문이다.

톰슨은 개인의 자유와 평등에 대한 불가침성을 주장하는 권리에 대해 가장 적극적으로 옹호한 집단이 서구 유럽이 아니라 제3세계 국가라는 점에 주목할 필요가 있다고 말한다. 이들은 오랜 기간 힘에 의한 통치와 억압을 경험했으며, 이를 극복하는 것이 가장 큰 우선적 과제임을 몸으로 알고 있었기 때문이다. 유엔 인권위원회 시리아 대표 압둘 카일라(Abdul D. Kayla)는 이런 전환에 대해 다음과 같이 말한다.

세계인권선언은 유엔 총회나 경제사회 이사회에서 소수 대표자들에 의해 만들어진 작품이 아니라, 인류가 여러 세대에 걸쳐 그 목적을 위해

---

35 앞의 책, 173.

노력한 결과로 얻은 소산이다.36

그는 이러한 획기적이고 혁명적 변화의 주체는 주로 '가진 자' 또는 '힘 있는 자'의 몫이 아니었다고 말한다. 오히려 가진 것이 없고 힘이 없는 자, 그로 인해 핍박을 받고 경계 밖으로 밀려난 사람들에게만 보이는 변혁적 에너지이고 상상력인 것이다.

4. 한국교회와 종족주의, 경계를 허물어야!

마지막으로 한국 사회의 독특한 민족주의 정서와 그것이 한국교회에 미친 영향에 대해 생각해 볼 필요가 있다. 먼저 민족주의를 이해하려면, 국가주의를 이해할 필요가 있다. 국가주의는 민족이라는 동질성을 구심점으로 삼아 강력한 내부 정체성을 확립하고 이를 경계로 하여 외부의 집단을 타자화한다는 점에서 확장된 가족주의로 볼 수 있다. 서구 사회에서는 국가주의에 매우 비판적인 입장을 갖는다. 왜냐하면 왜곡된 국가주의로부터 독일의 나치즘이나 이탈리아의 파시즘과 같은 폭력적인 전체주의의 역사가 비롯했다고 보기 때문이다. 강력한 선민의식을 내세운 독일의 나치당은 그들과 다른 민족 유대인을 향해 혐오와 차별을 넘어 끔찍한

---

36 Joshua Olsen, *Better Places, Better Lives — A Biography of James Rouse* (Washington, DC: The Urban Land Institute, 2003), 55. David Tompson, 『문화신학』, 171에서 재인용.

집단 학살을 자행했다. 냉전 체제에서 두 진영 간의 적대감이란 너무도 강력해서 종교나 인류애 그 어떤 것에도 기댈 수 없는 절망을 낳았다. 이런 측면에서 서구의 근대 인권 운동은 국가주의에 저항하는 개인주의와 세계시민주의로 이해될 수 있다.

한국의 민족주의는 서구의 국가주의와 유사하지만, 그 의미와 속성은 사뭇 다르다. 서구의 국가주의는 강력한 독재와 통치 이념으로 사용된 것이라면, 한국의 민족주의는 일본 제국주의에 저항한 독립운동과 열강에 의해 발발한 한국전쟁 및 분단에 대항하는 통일 운동의 맥락에서 이해된다는 점에서 차이를 갖는다. 신기욱은 한국의 독특한 민족주의의 특징을 다음과 같이 분석한 바 있다.[37] 한국 민족주의는 한민족이라는 종족 동질성에 바탕을 둔 민족주의를 가리킨다. 한편으로 한국의 민족주의는 일제의 인종주의적 식민주의에 대항한 민족 저항운동이었다는 점에서 긍정적인 평가를 받는다.

반면 동족성에 기반하여 배타적 민족주의나 전체주의적 성향으로 변질될 우려가 있다는 비판도 존재한다. 즉, 한국의 민족주의가 동질성에 기반한 종족주의로서 비판을 받는다. 이는 서구의 상황과는 다르지만, 일종의 인종주의적 성격을 가지며, 거기로부터 혐오와 차별의 정당화가 시작되는 것으로 이해될 수 있다. 예를 들어 이주민, 외국인 노동자, 소수자 등을 향한 혐오와 배타적 모습들 말이다. 외세로부터 유독 침입이

---

37 신기욱/이진준 옮김, 『한국 민족주의 계보와 정치』 (파주: 창비, 2009).

많았던 한반도 역사와 무관하지 않다. 민족주의 담론은 외부의 침입으로부터 종족을 보호하는 형태로 형성되어 온 경향이 있기 때문이다. 하지만 사회가 점차 다원화되고 다문화 사회로 변화함에 따라 한국의 민족주의 담론도 변화의 기로에 서 있다.

사실 우리가 마주하는 다양한 사회 갈등의 문제는 공감의 부족이 아닌 '공감의 과잉' 때문이다. 이는 왜곡된 공감의 결과다. 진정한 의미의 공감은 타자에 대한 이해와 존중 그리고 연대와 환대로 이어져야 하기 때문이다. 이런 맥락에서 한국의 '민족'이라는 경계는 좀 더 느슨하고 넓어질 필요가 있다. 혼종성을 두려워하지 말고 다양한 조화로움을 고민할 때다. 결국 오늘날의 공공성이란 다양성과 환대로 요약될 수 있다. 한국교회의 진짜 공공성 위기는 무엇인가? 그것은 한국교회가 '우리'(신앙과 종족)라는 동질성에 갇힌 채 다양한 정체성을 인정하지 못하고 오히려 혐오와 차별의 방식으로 경계를 지키려고만 했던 데서부터 비롯한다. 그러나 예수 그리스도의 복음은 경계를 허물고 모든 피조물이 새로워지는 신비이며, 교회는 그러한 사람들로 모인 열린 공동체이다. 따라서 교회는 어느 공동체보다 경계가 느슨하며 누구나 구성원이 될 수 있는 진짜 환대가 가능함을 보여주는 곳이어야 할 것이다.

IV. 나가며: 공감과 환대의 공동체로

한국교회 내부에서 '인권' 또는 '인권 운동'에 대해 부정적 인식을 갖는 경향이 있다. 이는 매우 유감스러운 일이다. 한국의 역사를 살펴보면, 민주적 가치와 인권의 정신이 지닌 소중함에 대한 상기 또 국가주의적 독재에 대한 비판적 반성을 하지 않을 수 없다. 이념, 국가, 공동체의 이름으로 얼마나 많은 시민들이 그리고 학생들이 죽어갔는지 결코 잊을 수 없기 때문이다. 그들은 모두 사람이었다. 하지만 개, 돼지만도 못한 취급을 받으며 모진 고문과 핍박을 당해야만 했다. 그들의 희생이 없었다면 또한 그들이 저항하지 않았다면, 오늘 한국의 민주주의는 불가능했을 것이다. 이 논의에서 한국교회는 독특한 위치를 차지한다. 독립운동부터 민주화운동까지 한국교회는 국가보다 하나님의 정의와 평화를 위해 부패한 권력에 맞서 저항했으며 자신을 희생하면서까지 이웃과 약자를 위해 행동했다.

그런데 언제부턴가 한국교회에서 이런 모습을 보기가 어려워졌다. 이제 광장에서 한국교회의 모습은 자기 신념을 지나치게 확신하는 독선적인 태도와 자신과 다른 사람들을 타자화하고 경계 밖으로 밀어내는 배타적인 행동을 반복하고 있다. 복잡한 사회 문제에 대한 윤리적 모호성을 인정하고 겸손한 자세로 하나님의 신비를 인정하기보다 쉽게 단정하고 평가하거나 영적인 문제로 환원하는 오류를 범한다. 다양한 사회 배경의 사람들을 인정하고, 존중하고, 거기로부터의 지혜를 통해 공존과 연대를 추구하기보다 우리와 그들로 경계를 긋고 왜곡된 부족 본능의 민낯을 보여줄 때도 있다. 한국교회는 모든 사람을 위한 환대의 장소이기보다 비슷한 사회문화적 배경을 가진 사람들만을 위한 공간으로 존재하는 듯 보인다. 그 입구는 좁고, 그 문턱은 높아만 보인다.

이런 변화는 한국교회가 비슷한 사람들만을 위한 배타적 모임으로 그 공감의 반경이 좁아지는 현상인 종족주의적 특성을 드러내게 한다. 만일 교회가 자신들만의 '특수한' 정체성을 고집한 채 다양성과 사회적 약자를 품는 환대의 공동체로 변하지 않는다면, 한국교회의 '진짜' 공공성 위기는 회복될 수 없을 것이다. 역사학자 최종원은 한국교회가 경계를 넘어 환대의 공동체로 변모해야 한다고 설득한다.

> 균일한 생각과 균일한 가치와 균일한 성향의 사람들만이 모이는 곳은 그리스도의 환대 공동체가 될 수 없다. 환대 공동체는 다름과 차이 속에서 하모니를 찾아가는 공간이다. 그러기에 환대는 다름 아닌 평화 공동체 만들기이다. 상황과 때에 따라 나그네나 갇혀 있는 사람이 우리와 피부색이 다른 사람일 수도, 종교가 다른 사람일 수도 혹은 이국땅에서 살아가는 한국인인 우리 자신이 될 수도 있다. 그 나그네의 헐벗음과 괴로움은 육체의 질병뿐 아니라 영적인 질병, 정신적인 고통일 수도 있다. 그런 이들이 찾아와서 다시 회복할 수 있는 곳, 그것이 가능한 곳이 환대의 공동체이다.[38]

한국교회는 경계에 서 있다. 계속해서 경계를 그으며 독선적이고 배타적인 집단으로 치부될 것인지, 아니면 세계 시민의 일원으로서 또한 그리스도인으로서 다양성을 인정하고 경계 밖으로 팔을 벌릴 것인지 선택해야만 한다. 한국교회가 위기인 것 맞다. 하지만 진짜 위기는 그로 인해 우리가 너무 무례해진 것이다. 사랑은 오래 참고 온유한 것이다. 모든 것을 품으며 모든 것을 감싸주는 것이다. 배제가 아닌 포용으로, 혐오가 아닌 공감과 환대로, 그것이 우리 사회가 한국교회에 바라는 교양 있는 기독교의 모습일 것이다.

---

38 최종원, 『교회, 경계를 걷는 공동체』 (서울: 비아토르, 2024), 201.

젠더 갈라치기, '현상'인가 '전략'인가
— 한국 사회 젠더 갈등과 한국교회에의 함의

백소영*

I. 여는 말: '정치적 주체'로서의 '2030 청년 여성들'의 등장과 의제들

2024년 12월 3일부터 지금까지 채 1년도 안 되는 시간 동안, 우리 사회는 몇 번이나 예상치 못한 놀라움에 직면했다. 피식민지 시절 제도와 문화의 답습, 본토에서 벌어진 동족 간의 전쟁, 국가 주도형 산업화 등으로 우리의 근현대 사회는 시민 주체의 대중화를 건강하고 단단하게 형성할 겨를이 없었다. 그러나 열악한 상황에도 불구하고 우리나라는

---

* 강남대학교 교수 / 기독교사회윤리학

"만인이 법 앞에 평등하다"는 근대 법제도 정당성의 기조와 자유, 평등, 인권이라는 공화제의 가치가 위협 당할 위기 순간에 '시민'의 힘으로 단결하여 유의미한 결과를 도출한 역사적 경험이 있다. 4.19가 그랬고, 87년의 봄이 그랬다. 그 과정 중에 가슴 칠 희생과 대가가 없지 않았으나, 그래도 천천히 한 걸음씩 '시민(이 합의하고 주도하는) 사회'를 향해 전진해 왔다. 그런데 이게 웬일인가? 2024년 12월 3일 저녁 급작스러운 계엄 선포를 접하며 일상이 멈춘 당혹스러움보다 더 큰 놀라움은, 이런 '무법'(無法)이 2024년에, 민주공화국에서, 국가 최고 행정부 수장의 주도 아래 시도되었다는 것이었다.

두 번째 놀라움은 IT 강국답게 소셜미디어를 통해 이 소식이 전해지면서 빛의 속도로 국회에 모여든 시민들의 행동 그리고 영문도 모른 채 국회 앞마당에 내려졌지만 빠른 상황 판단 속에서 자신을 '시민'으로 위치시키며 군인의 임무를 최소화했던 젊은이들을 보면서였다. 나만 감동한 것이 아니었다. "과거가 현재를 구원한다"는 한강 작가의 말마따나, 과거의 기억들이 현재의 시민 연대를 가져왔다. 다시는 당하지 않겠다는 국회 앞 시민들의 결의도, 역시 다시는 불의한 명령 때문에 자국민 수호라는 군인의 소명과 명예를 버리지 않겠다는 군인들의 행동도 실시간으로 확인할 수 있었다.

세 번째 놀라움은 평화적이면서도 발랄하게 저항하는 광장의 새로운 시위 문화였다. 흡사 K팝 스타들의 공연장에 온 듯한 모습으로 자신이 응원하는 팬클럽 응원봉을 높이 올려 환하게 빛을 밝히고 신나게 대중가

요를 부르며 "불법한 계엄을 시행한 대통령을 탄핵하라"고 목소리를 모았다. '빛의 혁명', 기어이 불의한 정권을 '끌어내린' 시민 저항을 우리는 이렇게 부른다. 그리고 그 혁명을 시작했으며 주도했고 지속했던 대표적인 '정치적 주체' 2030 청년 여성들을 주목했다. '응원봉 여자 청년들!' 이렇게 호명된 주체들의 평화적인 저항의 축제를 보며 젊은 시절 민주화의 주역이었던 '4050 아저씨들'은 놀라워했고 칭찬을 아끼지 않았다. 하긴, 죽으면 죽으리라는 결의로 진지하게 광장으로 나갔던 민주화 투쟁의 주역들에게 화염병이 아닌 형형색색 응원봉이 저항의 상징이 된 것이 놀라운 것은 당연했다.

하지만 정작 '응원봉 여자 청년들'은 '아저씨들'의 시선이 '불편'하단다. 칭찬을 해 주어도 불편하다고? 영페미니스트 세대[1]이자 대학 강사인

---

[1] 페미니스트들을 연대기적으로 세대 구분하는 것이 언제나 발생하는 페미니즘의 주제들과 주체들을 제대로 범주화한다고는 할 수 없다. 하지만 사람이란 시대를 오롯이 뛰어넘을 수 있는 것이 아니요, 소위 '이즘'이라는 사상화 과정 역시 선배들의 시행착오 혹은 미처 보지 못한 부분을 재고하고 성찰하며 나아가는 것이니, 연대기적 구분이 어느 정도 유효하다는 것을 인정해야 하겠다. 흔히들 알다시피 페미니즘 1.0은 서구 유럽발 '여성 인권 운동'이라고 보면 되겠다. 19세기 후반부터 활발하게 전개되었고, 1930년쯤 되면 일단락되었다. 여성 교육권과 투표권 등 자유 시민으로서의 권리를 여성도 남성과 평등하게 누리기 위한 법 투쟁이었으니, 압도적으로 자유주의 페미니즘이 대세였다. 페미니즘 2.0은 이미 있는 시스템을 그대로 둔 채 그 '안'의 법만 바꿘다고 여성의 삶이 달라지지 않는다는 구조적인 부분을 파악하면서 등장했고, 1960년대 '68혁명'이라는 큰 우산 아래 모일 수 있는 체제 저항적 운동성을 가진 여성 해방 운동이었다. 여성에게 억압적인 핵심 시스템을 가부장제로 보느냐, 자본주의로 보느냐 등에 따라 세분되기도 하지만, '구조'를 비판했다는 점에서 페미니즘이 '시스템 바깥의 시선'이라는 점을 분명히 한 셈이다. 페미니즘 3.0은 학자마다 조금씩은 이견이 있지만, 필자는 소위 '정체성'이라는 키워드로 분류했다. '여성'이라는 정체성이 본질적이냐, 구성적이냐, 흑인 여성과 백인 여성, 아시아 여성, 인종적 계층적 차이가 '여성'이라는 말로 다

정고은에 따르면, 2030 여자 청년들은 '이미' 10~20년 동안 광장에 있었는데, 이번에 '같은 의제'(불법 계엄 반대 및 대통령 탄핵 촉구)로 인해 한 공간에 있게 된 까닭에 처음 '발견된' 것뿐이라고, 그동안 여성 의제에 목소리를 높이며 광장에 있었던 자신들의 존재에 무심하다가 뭘 새삼스럽게 그러냐는 평가였다.2 '아저씨들'이 놀란 저항의 방식도 그녀들에겐 새로움이 아니다. 광장에 모여 있는 시민들의 편리를 지원하기 위해 근처 카페나 음식점에 선결제하고 이를 지도로 그려 알려주며, 모르는 옆 사람에게도 미리 작게 포장해 온 간식이나 핫팩, 피켓 등을 선뜻 건네고, 그 추운 겨울 아스팔트 위에서 오랜 시간을 견뎌내는 투지 모두 '휀걸'(fan girls)로 연대하고 나누고 투쟁했던 경험이기에 낯설지 않은 일이다.3 그런데 마치 새로운 문화가 갑자기 등장한 듯 놀라며, 그것이 마치 이번 '계엄'으로 인해 젊은 여성들이 각성하고 철이 난 듯 평가하니 불편했다는 것이다.

최근 10~20여 년 동안 2030 청년 여성들이 연대하여 투쟁했던 의제들

사라지는 것이냐는 질문 속에 '교차성'이라는 핵심어도 등장했다. 이 흐름의 끝 무렵, 즉 1990년대에 '영페미니스트'라고 부르는 그룹이 등장했다. 이들을 3.0으로 부르기엔 4.0세대와의 방법론적 유사성이 존재한다. 소위 '넷페미'라고 불리며 SNS 연결망을 통해 연대한 새로운 연결 방식을 운동성의 확산에 주요한 방법론으로 취하고 있고, 조직보다 의제형 네트워킹 방식을 선호하는 4.0적인 특성은 영페미니스트들도 공유하고 있기 때문이다. 그러므로 3.8~4.2 정도를 '영페미니스트'라고 부른다면, 2030 응원봉 여성 세대는 여러 특성상 명실공히 '영영페미니스트'라고 부르는 4.0세대라고 볼 수 있다.
2 정고은, "'휀걸'과 '말벌': 초대장에 응답·연대하는 방식," 「문화과학」 121 (2025): 116-132.
3 앞의 논문, 118-119.

은 다양하고 진지했다. 2016년 이화여대 본관을 점령하고 학교 측의 일방적인 의사결정 구조에 저항했던 학생들의 사례가 대표적이다. 외부에서는 "이대의 문턱을 낮춰 너도나도 이대생인 것은 못 참겠다는 집단 이기주의"라고 비꼰 사람들이 있었지만, 내부자들의 의미는 달랐다. 대(大)학교라는 학문의 전당에서 이윤추구를 위한, 그래서 학교의 정체성이나 방향이 크게 달라질 수도 있는 단대 규모의 조직을 어떻게 구성원인 학생들의 동의나 의견 수렴 없이 진행할 수 있느냐는 '비민주적 절차'에 대한 항의였다. 그때 사용했던 저항의 도구는 '휴대폰 불빛'이었다. 학생들이 본관에 고립되자, 졸업생 선배들은 지지 성명은 물론 현금과 물품으로 적극 연대했다. "선배님들, 더워요." 그 한마디에 선배들은 이동식 에어컨을 방방이, 층층이 배달시켜 주었다. "선배님들, 배가 고파요." SNS에 올리기가 무섭게 간식들이 속속 도착했다. 본관 농성이 장기화되자 내부 학생들은 각자의 취향과 상황에 맞춰 방 운영을 시작했다. 두꺼운 전공책을 들고 들어가 고시 준비를 하는 방부터 화장법 전수하거나 서로 손톱 꾸며주기를 하며 생애 처음 겪는 '농성'의 두려움을 익숙한 놀이로 극복하던 20대 초반의 여성들, 그녀들은 학교가 급작스레 경찰을 학내로 투입하자 미리 약속한 것도 아닌데 두려운 마음으로 서로 팔짱을 끼고 제일 입에 붙은 노래를 불렀다. 소녀시대의 <다시 만난 세계>! 민중가요의 세대교체를 이룬 하나의 '사건'이었다. 이번 '빛의 혁명' 기간에도 자주 불렸던 이 노래는 계엄 때문에 갑자기 등장한 것은 아니다. 그렇게 혜화역에서, 강남역에서 2030 청년 여성들은 민주에 반하고 평등에 반하며 사회적 안전에 반하는 사건들에 대해 문제 제기하고 저항해 왔다.

2024년 12월 21일에서 22일로 넘어가던 동지의 길고 추운 밤, 남태령도 그중 하나의 '익숙한' 저항이었을 뿐이다. 다만 평소 청년 여성들의 의제가 아닌 '농민 의제'에 연대한 경험이었다는 점에서 그녀들에게도 새로운 기쁨이었다. 트랙터를 타고 '농촌 문제'를 알리려 올라온 민주노총 '아저씨들'은 이게 무슨 일인가 싶었을 것이다. 우리와는 교집합이 전혀 없어 보이는 도시의 젊은 여자'애'들이 '벌떼'처럼 몰려와서 우리 곁을 지키다니! 어리둥절, 놀랄 일이었다. '그녀들'은 혹한의 밤만 함께 지낸 것이 아니다. 속속 지원 물품이 도착하고 후원금이 몰렸으며, 그중 전여농이 운영하는 '언니네텃밭'은 접속 폭주로 홈페이지가 마비되기도 했다.4 강남역 10번 출구에서 평범한 시민 여성이 끔찍한 테러의 희생양이 되었던 것을 계기로 집단화되었던 젊은 여성들의 저항("여자라서 죽었다")을 보며 한 페미니스트 이론가는 조심스럽게, 성찰적으로 자문했었다. "만약 강남역 10번 출구에서 희생당한 여성이 결혼 이주 여성이었어도 [우리는] 그렇게 연대했을까?"5 이 질문에 대한 답은 쉽지 않다. 2030 청년 여성들이 '모든' 불의와 불평등한 일의 종식을 위해서 '언제나'

---

4 권창규, "무지개 색깔동지들의 기억 투쟁," 「문화과학」 121 (2025): 142-143.
5 손희정, "페미니즘 리부트, 새로운 여성 주체의 등장: 2000년대 중반부터 현재까지," 『대한민국 넷페미사』 (서울: 나무연필, 2017), 133; 백소영, "젠더 갈등의 '선택적 혼종성'에 대한 신학 윤리적 제언," 「기독교사회윤리」 43 (2019), 140.

'누구나와' 연대한다고 자신 있게 말하는 것도 섣부르다. 오늘의 발제가 이 질문에 답하는 데 있지는 않다. 하지만 남태령의 연대에 대해 짧게만 언급하자면, 이번에 전혀 다른 의제를 가진 농민들의 저항에 2030 청년 여성들이 적극 연대한 가장 큰 요인은 '압축적인 얽힘'이라고 본다. 정동(affection), 4세대 페미니스트들의 특징이기도 하다.6

요컨대 최근 10~20년 전부터 2030 젊은 여성들은 '정치적 주체'로서 늘 광장에 있었다. 2008년 촛불집회에서도 여성 참여 인구는 압도적으로 많았다. '유모차부대'라는 말이 나올 정도로 젊은 엄마들의 참여 비율이 높았고, 촛불집회 참여 인구 70%가 여성이었다.7 거대 조직이 있어 위로부터 기획·조정되어서 벌어진 일이 아니었다. 빠르고 광범위하게 확산된 2030 청년 여성들의 운동성은 온라인 커뮤니티를 매개로 했기에 가능했다. 일례로 평소엔 젊은 여성들의 옷차림, 장신구 이야기를 하며 공감대를 형성하는 인터넷 카페인 '소울드레서'는 단 5일 만에 천칠백만원을 모금하며 시위를 지원했다.8 그때부터 지금까지 여자 청년들은

---

6 다수의 여성주의 학자가 4세대 페미니즘의 특징으로 '정동'(affection)을 제시한다. 예를 들어 체임벌린(Prudence Chamberlin)은 정동이 이념보다는 '우연성', 즉 "사람들, 외부의 영향, 광범위한 사회적 맥락, 기술 발전, 대중의 감정적 반응을 자극하는 개별 사건에 의해 결정된다"고 말한다. 푸루던스 체임벌린/김은주 외 옮김, 『제4물결 페미니즘: 정동적 시간성』(성남: 에디투스, 2021), 23. 이는 신유물론적인 입장에서 행위실재론을 피력하는 캐런 바라드의 '얽힘'(entanglement) 개념과도 상통한다.
7 김영옥, "여성주의 관점에서 본 촛불집회와 여성의 정치적 주체성," 「아시아여성연구」 48 (2009), 9.
8 앞의 논문, 16-17.

평소에는 소소한 일상을 나누며 연결되어 있던 사이버 공간을 거점으로 의제가 발생할 때마다 힘을 모았고 놀라운 연대를 보였다. 그리고 이번 '남태령의 경험'은 그녀들이 미처 알지 못했던 불의에 대한 의제들에도 연대할 수 있다는 기억과 동력을 제공했다고 본다.

II. '2030 청년 남자들'의 정치적 좌표를 묻다

그런데 이상하다. 2030 청년 여성의 정치적 주체화가 인터넷 세대의 장점이라고 한다면, 그건 2030 청년 남자들에게도 해당되는 말이다. 실제로 게임이나 각종 취미를 기반으로 소셜미디어를 활발하게 이용하는 것은 젊은 남자들도 마찬가지다. 신속하고 효과적인 시민 연대가 온라인에서 촉발되어 오프라인으로 연결된 네트워킹의 힘이었다면, 그건 젊은 남성들에게도 가능한 일이 아닌가. 그들은 왜 광장에 없었나? 아니, 포착될 정도의 집단으로 참여하지 않았나? 전광훈 집회의 행동대장들이나 서부지법 폭동 사건 주동자들, '자유대학' 등으로 대변되는 극우적 청년 남성들이 가시적으로 관찰되기는 했지만, 그렇다고 다수의 2030 젊은 남자 청년들이 계엄에 찬성하는 것은 아니었다. 그렇다면 '청년 남성 극우화'라는 오명을 들으면서까지 공적 행동으로 뭉치지 않는 이유는 무엇인가? 2025년 1월 19일 윤석열의 구속에 항의하며 서부지법에 폭력적으로 침입했던 2030 청년 남성 '몇몇'을 보면서, 이것이 '2030

청년 남성들의 공적 행동'이라고 평가하는 것은 무리가 있다. 청년 남성 다수가 '극우'인 것은 아니다. 그러나 이번 대선 결과 보여준 정량 지표는 2030 청년 남성들이 적어도 개인적으로 평가한 부분에서 '보수적'이라는 '동질성의 집단으로 읽힐 수 있는 정치적 좌표를 가지고 있음을 보여준다. 정량 지표를 읽고 분석하는 관점은 다양할 수 있지만, 21대 대선 방송사 공동 출구 조사 결과에서 보여준 20대 남성들의 선택(37.2% 이준석 후보, 36.9% 김문수 후보)은 분명, 24%의 진보 성향 동년배 남성들을 삭제하지 않더라도, 74.1%가 정치적으로 보수적인 정당을 지지하고 있음을 명시적으로 드러냈다. 이는 세대별로 보이는 표심 차이(60대의 경우 거의 반반, 4050은 70% 정도로 진보 정당을 지지, 70대 이상은 60% 이상이 보수 정당 지지)와는 상당히 구별되는 '성별 대조'이기에 각계 전문가들의 주목을 받았다. 또래 여성들 60%가 이재명 후보를 지지하는 것(20대 여성 58.1%, 30대 여성 57.3%)과 비교한다면, 현재 우리나라 청년의 경우 정치적 좌표를 물음에 있어 지역이나 세대보다 주요하게 작동하고 있는 요소는 성차임이 분명하다.

  2030 청년 남성들 다수가 '보수화'되는 현상에 대해 당사자의 의미가 공적으로 정리되고 전달되기 이전에 소위 '진보 어른들'의 분석과 평가가 먼저 발화되었다. 가장 지배적인 평가는 신자유주의적 개별 경쟁화의 제도 속에서 '탈락자' 혹은 '실패자'의 배치에 놓인 '이대남'들이 그 분노를 제도가 아닌 동년배 여성들에게 돌리고 있다는 것이었다. 행여 탄핵을 찬성하더라도 그녀들이 동의하며 모여 있는 광장에서 같이 연대할 마음은

없다는 것이다. 실제로 2020년 「시사In」에 실린 한 설문조사 결과는 젠더 문제를 제외하면 20대 남성이 20대 여성보다 다른 정치적 의제들에 있어서 '살짝 더' 진보적이라는 수치를 보여준다.9 한편으로 특정 의제는 20대 남녀 모두 다른 세대에 비해 '보수적'인 선택을 한 사례도 있었다. 예를 들어 난민 수용에 대해서는 20대 남성 68.6%, 20대 여성 70.0%가 반대하였는데, 이 비율은 30대(남자 43.3%, 여자 56.5%)보다도 높았다.10 정량 수치로만 비교한다면, 오히려 여성의 수치가 '살짝 더' 높은 결과다. 실재는 훨씬 더 복잡하게 얽혀 있는 법이다. 때문에 단순히 정량 지표나 보이는 현상만으로 '2030 청년 여자=진보'와 '2030 청년 남자=보수'로 양분하고 '갈라치는 것'은 정당하지 않거니와 정확하다고도 생각하지 않는다.

물론 '주목할 만한 비율의 2030 청년 남자들이 부모 세대나 또래 여성과 비교해 보수화되어 있음'은 부정할 수 없다. 도대체 이들은 왜 이런 걸까? 무언가 '20대 남자 현상'이 있다는 경험 속에서 참을 수 없는 질문으로 최근 한 국회 취재 기자와 정치학 박사가 뭉쳐 설문조사를 시도했다.

이 세대 남성이 뭔가 다르다는 사실은, 문재인 대통령 지지율이 20대

---

9 한윤형, "극우화된 청년 남성인가, 청년 남성의 극우화인가: 서부지법 폭동에 놀란 기성세대를 위한 지형도 설명," 「기독교사상」 796 (2025), 44.
10 천관율 외, 『20대 남자, 남성 마이너리티 자의식의 탄생』 (서울: 시사IN북, 2019), 75.

남자에서 지속적으로 20대 여성보다 낮게 나오면서 최초로 주목받았다. 하지만 우리는 대통령 지지율 하락이 '20대 남자 현상'의 본질이라고 생각하지 않는다. 그것은 오히려 어떤 징후다. 이 세대 남성들에게 무언가 흥미로운 일이 일어나고 있고, 대통령 지지율은 단지 그게 수면 위로 올라온 최초의 계기였다.[11]

연구자들은 '20대 남자의 모든 것'이 아닌 "공화국 시민으로서 보여주는 독특한 특성"을 파악하는 데 집중했다.[12] 그리고 이들이 정치적 의제들에 답하는 과정에서 다양성이 사라지고 '화난' 반응을 하는 부분이 '젠더' 질서나 '페미니즘' 관련된 질문들이었음을 파악했다. 한국 사회 여성 차별의 심각성을 묻는 항목에 또래 여성들의 85.3%가 "심각하다"고 응답했다면, 20대 남성의 60.8%가 "심각하지 않다"고 답했다. 그럼 남성 차별은 어떠냐는 질문에 20대 남성들의 68.7%가 "심각하다"고 답했다. 그중 "매우 심각하다"에 표기한 응답자 수는 30.5%에 달한다.[13] 소위 '이대남'은 "한국의 결혼 문화가 여성에게 더 유리하다"는 문항에 66.3%, "페미니즘은 남녀 평등이 아닌 여성우월주의를 주장한다"는 문항에 78.9%가 동의했다.[14] 30대 남성들도 4050 세대와 비교할 때는 반여성,

---

11 앞의 책, 6.
12 앞의 책, 5.
13 앞의 책, 18.
14 앞의 책, 26, 40.

반페미니즘 정서가 보이나, 20대 남성들의 수치만큼은 아니었다. 그렇다면 분명 지난 10여 년 간의 어떤 사회적, 제도적 경험들이 소위 '이대남'들의 정서에 영향을 끼친 것은 분명해 보인다.

한창 연애할 나이에 다수의 한국 '이대남'들이 여성 혐오로 에너지를 쓰고 있다. 한동안 이 부정적 정서는 '루저들의 어깃장'으로 분석되었다. '묻지마 살인/폭력'의 범주로 묶였던 신림역, 관악산 등산로, 서현역 사건에 주목하면서 "폭력의 연속선과 남성성'들'"이라는 분석 글을 제시한 추지현은 세 사건의 범죄자 모두 "사회의 부정의나 억압에 대한 저항"이 아니라 "남성 동성 사회를 준거집단으로 삼아 외모, 경제력, 군 복무 경력, 여성에 대한 성적 지배 역량을 따져 자신의 지위를 판단"하고 열등한 위치에 대한 "자신의 고립된 현실"에서 폭력을 정당화하는 모습을 보였다고 읽었다.[15] 남성성을 개념화한 코넬(Raewyn Connell)의 분류를 가져와서 '주변화된 남성성'(marginalized masculinity)이 폭력으로 발산된 형태라고 본 것이다. 즉, '헤게모니적 남성성'(hegemonic masculinity)을 "실현할 수단이나 사회적 인정이 부재하는 상황, 즉 권력을 얻을 수 있는 실질적 자원이 부재한 상황에서 남성으로서 권력을 주장하기 위해 폭력이 빈번하게 발생하는 것"이라는 설명이다.[16] 추지현은 이런 '열패감' 문화가 온라인 공간을 통해 공유되는 과정에서 자조적으로 서로 조롱하기

---

15 추지현, "폭력의 연속선과 남성성'들'," 『폭주하는 남성성』 (파주: 동녘, 2025), 29.
16 앞의 글, 32.

도 하지만, 공모, 추진력을 얻게 된다고 보았다.

> 불특정 다수에 대한 '살인 예고'나 인셀[비자발적 독신주의자] 정체성으로 여성과 성소수자에 대한 폭력 행사를 독려해 온 온라인 커뮤니티는 더 이상 단순한 개인들의 집합이 아니라 남성으로서의 폭력 행사를 부추기고 정당화하는 체계적인 공간으로 기능하고 있다.[17]

그렇다고 해서 소위 '알파 메일', '육각형 남자' 등으로 칭송받는 '헤게모니적 남성성'이 긍정적 기능을 하는 것은 아닌데, "합법성과 시민 보호를 표방하며 인셀이나 루저와 같은 주변화된 남성성과 거리를 두고 단죄를 선언"하는 모습 속에서 실은 "현행 젠더 질서를 유지"하고 "현행의 이성애 및 남성 중심적인 젠더 지배를 영속화"하고 있기 때문이라고 보았다.[18]

결국 기준, 정상성 혹은 이상형으로 그려지는 '남성성'이 확고한 사회에서 이에 못 미치는 자신에 대한 조롱, 이 열패감의 '원흉'을 여성으로 상정하는 것이 현행 2030 온라인 커뮤니티 유저들의 정서라는 말이다.[19]

---

17 앞의 글, 38.
18 앞의 글, 44-45.
19 인터넷 게시물 분석만이 아니라 직접 일베들을 만나본 김학준은 열 명의 연구 참여자가 주로 '가정을 꾸리고 싶지만 남자를 재화적 이용 가치로만 보는 여성들 때문에 자신의 능력 없음이 더 자괴적으로 다가옴을 피력했다고 했다. 한 예로 2019년 8월 한강에서 발견된 토막 살인의 범인이었던 장대호가 "옥중서신"이라는 이름으로 쓴 글이 일베들의 공감을 받았는데, 교주처럼 군림한 장대호는 이렇게 적었다. "남자들이여, 무시당하느니 두려움의 대상이 되자. 나를 무시하는 여자가 있다면, 나를 무서워하는 여자로 만들어라. 자존심은

이 혐오 정서의 형성 공간은 일간베스트, 에펨코리아, 디시인사이드 같은 남초 온라인 커뮤니티이다. 사이버 공간은 익명성, 빠른 확산, 무책임성 등의 '장점'을 기반으로 여성 혐오를 더 '효과적'으로 생산한다. 일간베스트는 대표적인 남초 온라인 커뮤니티인데, 당일 올라온 게시글들 가운데 제일 추천을 많이 받은 글을 베스트로 올리는 방식 때문에 붙은 이름이다. '베스트'가 되고자 했던 열망이 과했던 까닭일까? 점점 자극적이고 가학적인 글들이 사이버 공간에서 경쟁하기 시작했다. 원초적 시선을 모으려다 보니 여러 가지 범주의 혐오가 난무하게 되었는데, 그중 대표적인 장르가 '여성 혐오'였다. 디씨인사이드는 디지털카메라 동호 커뮤니티로 출발했는데, 카메라 동호 공간이었던 만큼 게시글에는 반드시 사진이 포함되어야 한다는 규칙이 있었다. 소위 '짤방'의 유래이다. '짤방'이 젠더화되는 방식에 관해 연구한 이리예는 "남성이 짤 속에서 남성성을 배반하는 방식으로 표상되며 웃음을 부를 때, 여성은 과하게 성적인 모습으로 표상되며 웃음을 불렀다"고 평가한다.[20]

 흥미로운 것은 이 사이버 공간에서 '조롱과 경멸의 대상'이 되는 여성의 기준에 "전근대적 여성 이해와 후기근대적 욕망이 혼재되어 있다는 것"이다.[21]

  스스로 지킬 때 세워진다." 김학준, 『보통 일베들의 시대: '혐오의 자유'는 어디서 시작되는가』 (파주: 오월의봄, 2022), 293.
20 이리예, "짤의 시대, 안티페미니즘으로 공모하는 루저 남성 정서와 정치 언어," 『폭주하는 남성성』 (서울: 동녘, 2025), 214.

이들이 '김치녀'의 대조되는 말로 사용하는 '개념녀', '스시녀'(일본 여자)는 데이트할 때 더치페이를 잘하는 경제력을 가지고 있으면서도 남자에게는 순종적인 여성상이다. 그러니까 남자의 돈으로 '기생하는 여자'는 김치녀이지만, 경제적 독립성을 가지고 있으면서도 정서나 인식 면에서는 남성의 우월성을 인정해야 '개념 있는' 여자라는 뜻이다. 생산 노동을 하지 않고 남자에게 기대는 여자를 혐오하면서도, 한편으로 '번듯한 임금노동의 자리는 남자가 먼저'인 것이 당연하다는 가부장적 인식을 가지고 있다. … 관료제적 '자리'를 놓고 본격적으로 경쟁을 하는 세대요, 그나마 그 '자리'가 좁고 불안정한 사회에서 젊은 남성들이 갖는 세대적 박탈감을 또래 여성들에게 돌리는 것, 생존의 벼랑 끝에 몰린 그들에게 마지막 남은(실은 남은 듯 보이는) '남성이라는 기득권'을 붙드는 것, 결국 그들의 여성 혐오에는 자리 경쟁의 상대로 부상하는 젊은 여성에 대한 경계와 봉건적 재배치를 염원하는 바람이 담겨 있다.[22]

이러한 '혼종적' 여성 인식은 자신들에 대한 혼종적 평가와 평행을 이룬다. 남초 온라인 사이트에는 연애와 결혼, 직업 시장에서 경쟁력이 없는 상황을 자조적으로 그려내면서도, 한편으로는 본인이 획득한 자격증이나 남성적 능력을 인증하는 방식으로 여전히 가치 있음을 드러내는

---

21 백소영, "젠더 갈등의 '선택적 혼종성' 양상에 대한 신학 윤리적 제언," 「기독교사회윤리」 43 (2019), 131.
22 앞의 논문, 131-132.

게시물들이 많다. 결국 "안전망이 무너지고 있는 후기-근대 사회에서 '가장'으로서의 책임을 다할 수 있는 경제적 기반을 가지지 못한 까닭에 경제적으로 의지하려는 여성의 성향에 대해서 거부와 반감"을 가지게 되는 것은, 내 직업 성취의 자리를 넘보는 경쟁력 있고 진취적인 여성들(페미로 분류되는)에 대한 거부, 반감과 공존한다. 필자는 이를 '선택적 혼종성'(elective hybridity)이라는 말로 평가한 바 있다. 이때 "선택의 원칙은 개인의 취향이 아니라 전근대적 남성 인식과 근대적 주체 인식 중 '나의 생존'에 유리한 지점을 선택하는 방식으로 진행" 중이다.[23]

이는 『폭주하는 남성성』을 쓴 저자들도 공동으로 지적하는 부분인데, 결국 가부장제와 신자유주의가 혼종적으로 만들어 낸 젠더 질서를 극복하는 것이 근본적 해법이라고 본다. 이 지점에 있어서 2030 여성들이 항상 성공하는 것은 아니지만, 적어도 그녀들에게는 '페미니즘'이라는 "현 시스템 바깥의 시선과 사유와 언어"가[24] 있고 10~20년이 넘게 여성 의제들을 공적으로 발화해 온 집단 경험이 있다. 그러나 사이버 공간에서

---

[23] 앞의 논문. 백소영은 2030 남성들의 선택적 혼종성뿐만 아니라 2030 여성들이 가진 선택적 혼종성의 문제도 함께 지적했다. 즉, 근대적 성평등 인식을 가지지 못한 남성들을 조롱하고 폄훼하면서도, 한편으로는 '온건한 가부장제'의 '레이디 퍼스트' 문화를 내면화한 습속을 넘어서지 못하고 여성을 '보호받는 성'으로 남성을 '보호하는 성'으로 응시하는 경우를 꼽았다. 최근 한국의 유명 축구선수 손흥민의 인터뷰에서 비 오는데 여성 리포터의 우산을 받아주지 않은 '비매너'를 '역시 한남'이라고 여초 온라인 커뮤니티에서 조롱한 것도 그 중 하나다. 한 손으로는 우산을 받치고 인터뷰에 응하는 서양 남자가 비교급으로 이상화되었는데, 후에 파악해 보니 손흥민 선수의 양손에는 이미 많은 마이크가 들려 있어서 빈손이 없었던 것으로 밝혀졌다.
[24] 백소영, 『페미니즘과 기독교의 맥락들』 (서울: 뉴스앤조이, 2018), 20.

'이미 존재하는 젠더 질서'에 기반하여 조롱하고 비하하는 문화를 양산해 온 2030 남성들에게 그것이 '대안적 남성성'이든 '개성'이든 '인간성'이든 '청년성'이든, 현 시스템 바깥의 '해방의 담론'을 상상하고 만들어 내고 발화할 공적 기회 내지는 경험이 없었다는 점은 안타깝다. 이 점에서 "청년 남성이 청년 여성보다 담론적으로 약자라고 요약할 만한 사태가 존재한다"는 한윤형의 평가에는 동의한다.[25]

김학준의 『보통 일베들의 시대: '혐오의 자유'는 어디서 시작되는가』는 자신의 2014년 석사학위 논문을 발전시킨 결과물인데, 일베 정서의 '당사자성'을 가장 잘 전달했다고 평가할 수 있겠다.

> 이들에 대한 각계의 반응은 오랫동안(또는 여전히) '사회에 적응하지 못하는(불만이 많은) 루저'라거나 '사회 경험이 없고 무지한 젊은이들의 일탈'과 같은 비판에 머물렀다. … 이런 인상비평을 넘어선 최초의 논의는 박권일의 2013년 6월 13일 자 <시사인> 칼럼, "우리 안의 일베"였다. 그는 진중권, 표창원 등이 제기한 '일베 루저론'을 적극 반박하며 "그들 대부분은 '루저-백치-괴물'이 아니라 한국의 '평범한 시민'"이라고 주장한다. 오히려 일베 이용자들은 '사회적 불평등의 확산과 시민교육의 부재'가 만들어 낸 '희생양 찾기'를 통해 '착취와 피해'의 책임을 사회적 약자나 소수자에게 돌리며 이는 기실 '일베의 문제'가 아니라 '현대 자본

---

[25] 한윤형, "극우화된 청년 남성인가, 청년 남성의 극우화인가," 47.

주의 국가의 보편 증상'임을 보여주는 증거가 바로 일베라는 것이다.26

김학준의 관찰과 기록 그리고 인용에서 언급한 박권일을 비롯하여 이 책의 추천사를 쓴 문화학자 엄기호에27 이르기까지 공동으로 주장하는 것은, 일베가 사회적 약자이기에 우리가 감싸안아야 한다는 옹호론이 아니라 이들에게 현 시스템을 흔들 수 있는 '바깥'의 시선과 언어가 없다는 것이다. '이대남 현상' 자체가 실은 신자유주의 경쟁 시스템의 증거라는 말이다. 이는 아주 최근에 조국이 인용하여 세간의 화제가 되었던 「시사In」의 한 사회학적 분석 글, "청년 남성은 왜 보수화되었나"를 설명하는 단초가 된다.28 사회적 불평등을 연구하는 김창환은 2021년 KBS에서 보도된 한 자료에서 놀라면서 한국 20대 남성에 주목하게 되었다고 했다. "기회가 되면 내 것을 나눠 타인을 도울 것이다"라는

---

26 김학준, 『보통 일베들의 시대』, 8-10.
27 엄기호는 책의 뒷날개에 다음과 같은 추천사를 남겼다. 매우 유의미한 분석이고 동의하는 부분이 커서 전문을 옮긴다: "열광은 '웃음'을 가장하여 전달되지만 메시지는 강력하다. 그 메시지란 사회 따위는 존재하지 않으며 그러므로 홀로 '강려크'해지기를 포기한 약자들은 도태되어야 한다는 것이다. 이런 사회에서는 이들을 색출하고 박멸하여 국가를 지키는 것, 그것이 정치가 된다. 능력주의와 각자의 책임론 그리고 자유인이라는 성숙한 개인에 대한 담론이 사이버 공간에서부터 사람들의 마음을 이끌며 헤게모니를 구축하고 있다. 한국만 그런 것이 아니라 서구에서도 볼 수 있는 세계적 현상이다. 이 책을 '안전'하게 타자화된 일베라는 '작은' 서클에 대한 이야기로 읽지 않길 바란다. 우리가 고민해야 할 것은 '문제화된 집단'을 문제화하는 것이 아니라, 지금 전개되고 있는 정치와 그에 따른 사회적 삶의 변형이기 때문이다."
28 김창환, "청년 남성은 왜 보수화되었나 [김창환 캔자스대 교수 분석]," 「시사IN」 2025. 7. 17., https://www.sisain.co.kr/news/articleView.html?idxno=56040.

질문에 스스로 상위 계층이라고 인식하고 있는 젊은 남성들이 더 인색하다는 것을 알게 되었기 때문이었다. 이후 6.3 대선 이후 유권자 인식 여론조사에서도 비슷한 경향이 나오는 것을 확인하고 인구 집단별 변수의 관계를 살펴보았다고 한다.

이 지표를 놓고 조국은 '극우화'라는 표현을 썼지만, 이는 '극우'라는 정치적 언어보다는 신자유주의적 경제 시스템의 작동 방식을 옹호하는 '보수성'을 지닌다고 평가하는 것이 옳겠다.29 김창환은 네 가지의 지표, 즉 1) 국민 복지는 국가가 아니라 개인이 책임져야 하고, 2) 복지 향상을 위해 세금을 추가로 낼 의향이 없고, 3) 장애인 의무고용제에 반대하고, 4) 이재명 정부에서 불평등 완화와 복지 확충 정책을 (우선순위에서 밀리는 정도가 아니라) 추진해서는 안 된다는 응답을 합쳐서 경제 정책의 보수성 지수를 만들었는데, 청년 남성 중에서도 경제적 상층 청년들의 보수성이 높았다는 것이다(가장 높았던 청년 남성의 가구 자산 4억 1천만 원, 월평균 가구 소득 631만 원). 이는 또래 여성과 비교할 때 특수성이 더욱 뚜렷해졌다. 이에 김창환은 분석 말미에서 "청년 남성은 다른 어떤 집단보다도 능력주의에 기반해서 경제적 배분을 판단한다"라고 결론짓는데, 또래 여성의 전문화, 전문가 집단의 수적 증대와 반비례하는 노동시장의 치열한 경쟁

---

29 정치외교학자 박기성도 '극우'라는 말은 "선거공학적 목적으로 상대를 공격하기 위해 사용"되는 단어라고 평가한다. 학계에서는 "신우파", "사회문화적 우파", "권위주의 우파" 등으로 부른다는 것이다. 박기성, "세계적 우경화 및 극우화 현상, 그 현실과 배경," 「기독교사상」 796 (2025), 11.

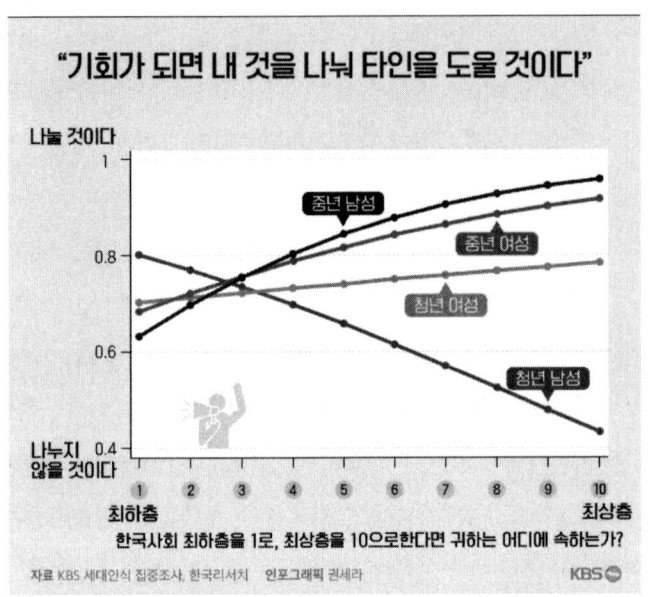

력 등이 상층 청년 남성들의 보수적 성향에 영향을 미쳤다는 것이다. 그는 '안티페미니즘'이 "상위 계층 청년 남성의 이해를 전체 남성으로 확대하는 중요한 매개체일 가능성"을 제시하는데, 즉 "과거에 소외되었던 하위계층 청년 남성과 여성의 연대가 아니라 여성의 경쟁 진입에 맞서 계층을 뛰어넘는 전체 남성의 연대를 이루는 연결고리가 안티페미니즘"이라는 분석이다.

김창환의 주장에 다 동의하는 것은 아니지만, 적어도 현 시스템의 규칙을 그대로 받아들인 상황에서 '자력으로' 승리자가 되었다고 생각하는 청년들의 경우 이 시스템을 '보수'하려는 경향을 더 강하게 드러낸다는 분석에는 동의한다. '일베 문화'가 지극히 개별 경쟁화되어 있고 '우리'가 없다는 김학준의 관찰 역시 이러한 분석을 뒷받침한다. 진정한 의미에서 "개인주의자"이며 "자유지상주의자"인 '일베 유저들'은 "희생자인 타자에게는 물론, 동료이며 가해자인 '우리'에게조차 냉담한 열광"을 표현한다.[30] 이에 김학준은 "일베로 대표되는 혐오라는 현상은 현대 자본주의 체제의 '부작용'이 아니라 오히려 시스템에 의해서 만들어지는 '주작용'"이라고 결론짓는다.[31]

III. 갈라치기의 정치적 전략, 2030 청년 여자들 vs. 2030 청년 남자들

'민주당'의 '개딸들'로 호명되는 2030 청년 여성들을 왼쪽에, '국민의힘'이나 '개혁신당'의 보수적 성향을 지지하는 2030 청년 남성들을 오른쪽에 배치하는 '젠더 갈라치기'는 최근 뚜렷이 관찰되는 현상이다. 본디 정치란 것이 속성상 진리 추구가 아니라 가능하면 내 편을 많이 만드는 전략 추구가 우선이니, 진보나 보수 진영 모두 가능한 편을 극대화하려는 노력으로 젠더 갈등을 부추겨 왔다는 것은 쉽게 파악할 만한 일이다.

---

30 김학준, 『보통 일베들의 시대』, 353-355.
31 앞의 책, 355.

2017년 대선 당시 문재인 후보가 여성 의제들을 적극 지지하면서 젊은 여성들의 표심을 얻었는데, 이것이 단일 원인만은 아니겠지만 2017년 대선은 2030 여성 투표율이 남성 투표율을 앞서는 분기점이 되었다. 그전까지는 2030 남성 투표율이 더 높았는데 뒤집힌 것이다. 물론 2030 청년 여성들이 갑작스럽게 정치적으로 주체화되었다기보다는 2010년 무렵부터 여성의 대학 진학률이 남성을 넘어서면서 정치적 의제에 주체적 관심을 가질 수 있는 '역량'을 획득한 젊은 여성들이 증가했다는 부분도 고려해야 할 것이다. 실제로 페미니즘 리부트는 2016년 무렵인데, 2012년 대선에서 젊은 여성의 투표 참여율이 이미 주목할 만했다(19세 75.70%, 20대 전반 70.10%, 20대 후반 69.20%, 30대 전반 71.00%, 30대 후반 75.50% 남자의 경우 19세 72.50%, 20대 전반 72.10% 20대 후반 62.50%, 30대 전반 64.40%, 30대 후반 69.20%).[32] 2012년에 30대 후반이라면 1970년대 중반 출생자들이고 영페미니스트 초기 구성원이라고 볼 수 있겠다. 이 모든 것이 '페미니즘' 영향이라고 말하기는 어렵지만, 캠퍼스를 중심으로 이론화 작업을 주도하고 소셜네트워킹을 통해 대중화를 주도한 영페미니즘이 주요한 한 영향력일 수는 있겠다.

   2030 남성들이 정치적으로 '안티페미니즘'을 의제로 선택한 출발점은 '군 가산점 폐지'를 둘러싼 논쟁 즈음이었다고 본다. 1997년에 도입된

---

32 중앙선거관리위원회, "제18대 대통령선거 투표율 분석," 2013. 2. 18., https://www.nec.go.kr/site/nec/ex/bbs/View.do?cbIdx=1129&bcIdx=14338.

이 제도를 여성과 장애인 차별이라고 헌법 소심 청구를 한 다섯 명의 여성과 장애인 남성 대학생의 주장을 헌법재판소에서 인정해 주면서 시작되었다. 적어도 '의무 징집제 군대의 악몽'을 공유하는 청년 남성들에게 "페미니스트-여성은 각종 '우대 정책'을 등에 업고 군필자 가산점 제도와 같이 자신들의 몫으로 배정된 지분을 앗아가는 이기적 존재로 위치되고", 이런 반페미니즘 정서가 팽배한 시절이었던 2001년 여성부가 출범하자 이 단체는 대한민국 청년 남자들에게 "꼴페미들의 집합체"로 집중 공격의 대상이 되었던 것이다.[33]

  이러한 적대감을 정치적으로 잘 활용한 것이 '국민의힘' 정당이다. 2022년 1월 7일 당시 20대 국민의힘 대선 후보였던 윤석열의 페이스북에 한 장의 이미지가 올라왔다. 글자는 일곱 자뿐이었다. "여성가족부 폐지!" 여파는 대단했다. 청년 남성들은 '드디어 우리 편을 들어주는 정당의 출현'이라고 반가워했다. 이 포스팅 이후 리얼미터 여론 조사에서 18~29세 남성의 윤석열 지지율이 폭등했다. 1월 3~4일 15.8%였던 지지율이 불과 일주일 만에 58.1%로 급등한 것이다.[34] 이를 '갈라치며' 정치적으로 활용한 일등 공신은 단연 이준석이었다. 에펨코리아 등 평소 남초 온라인 커뮤니티를 모니터링하고 그 공간의 언어와 문법, 관심사를 읽었던 그는 자신의 소셜미디어를 통해 공감을 표하며 동질성을 형성했다. 그 정점은

---

33 이리예, "짤의 시대, 안티페미니즘으로 공모하는 루저 남성 정서와 정치 언어," 224.
34 앞의 글, 207.

2019년 2월의 "100분 토론"이었는데, 당일 주제는 "성평등인가, 역차별인가"였다. 울분은 있으나 논리적 언어와 발화할 공적 장을 가지지 못했던 남자 청년들은 화려한 언술로 자신들을 대변하는 이준석에게 열광했다. 이리예는 그해 8월 이준석이 남성 잡지 「맥심」의 표지 모델로 등극하며 '친숙함'과 '리더십'의 양면을 보이는 이미지 정치로 이대남의 표심을 잡았다고 분석한다.[35] 그러므로 2030 청년 세대의 남녀 갈등의 요소가 없었던 것은 아니나, 이를 정치적으로 이용하여 간극을 벌리고 적대적으로 범주화한 것은 정치적 농간이 크다고 볼 수 있겠다.

IV. 교회와 사회가 잃어버린 '청년성', 회복을 위한 장(場)을 요청하며

대한민국 청년들이 가지는 '선택적 혼종성'과 이에 근거하여 서로를 혐오 내지는 비방하는 구도를 분석하는 과거의 글에서 필자는, 지금 중요한 것은 남녀 갈등이 아니라 오히려 동 세대로서 '넘어서야 할' 의제들을 만들어 내고 이를 기성세대에게 요구하는 일이라고 했다. 남자는 평생 세 번만 우는 거라고? 누가 그런 말을 했는지 우리는 알지만 이런 문화적 제한을 보편 진리로 내면화할 필요는 없다. 여자 목소리가

---

35 앞의 글, 233.

담장을 넘으면 안 된다는 것 역시 마찬가지다. 이런 낡은 젠더 질서는 제도적으로나 인식론적으로 '넘어서는 것'이 맞다. 그게 앞으로 나아가는 것이다. '전략으로서의 미러링'이라고는 하지만, 남자들의 여성 혐오에 맞대응해 남성 비하적인 언어나 행동을 수행하는 것 역시 우려를 표한 바가 있는데, 주디스 버틀러가 말한 '정체성 형성의 핵심 행동으로서의 수행성' 기능을 이유로 들었다. 자꾸 반복해서 수행하다 보면 그것이 어느덧 정체성을 형성하는 법이기 때문이다.36

어쩌면 '공정'이라는 키워드가 해법이 될 수 있겠다. 다만 '게임의 규칙'이 공정한지를 먼저 묻는 것이 선행되어야 한다. 규칙이 공정하지 않은데 과정과 정의의 결과만을 논할 수는 없는 것이기 때문이다. 2025년 8.15 사면 대상에 조국이 포함된 일을 놓고 세대 간 균열이 생겼던

---

36 2017년 봄학기 기말고사 답안지에서 한 학생이 제기한 실존적 질문은 다음 해 『페미니즘과 기독교의 맥락들』을 '낳게' 했다. 고민이 많아 시험공부는 뒷전이었는지 모르겠지만, 질문에 대한 답 대신에 그 학생은 나에게 큰 질문을 던졌다: "교수님, 저는 헌신된 크리스천입니다. 페미니스트이기도 하죠. 하지만 아무래도 저는 하나를 버려야 할 것 같습니다. 예수님께서는 이웃을 사랑하라고 하셨는데, 저는 도저히 남자를 사랑할 수 없습니다. 어제는 지하철을 타고 등교하던 중에 옆자리에 우연히 남학생이 앉았습니다. 옆 학교 학생인 듯했습니다. 저보다 한 정거장 먼저 내렸거든요. 그런데 그 학생이 저를 '시선 강간'한 것도 아니고, 그렇다고 신체 접촉을 한 것도 아닌데, 그냥 앉기만 했는데도 제 마음이 아주 불편했습니다. 아니, 불쾌하고 분노심마저 일었습니다. 마치 창자에서 무언가 뜨거운 게 쳐 올라 왔습니다. 그리고 저도 모르게 마음속으로 외치고 있었습니다. '이런 젠장, 아침부터 한남이 옆에 앉다니! 오늘 하루 재수가 없겠구나!' 너무 놀랐습니다. 그 남학생은 제게 아무런 잘못이 없는데, 저는 이제 여자를 혐오하는 개별 남자를 혐오하는 것이 아니라 아예 남자를 혐오하게 되어버렸습니다. 이런 자세는 크리스천의 마음이 아니지 않나요? 저는 크리스천이어야 할까요, 아니면 페미니스트여야 하나요?"

현상이 2030 청년 남녀가 함께 사유하고 의제를 찾아낼 한 가지 출발 지점이라고 본다. 적어도 이 문제에 있어서는 남녀 차이보다 세대와 진영 차이가 더 현저했다. 조국과 그의 가족이 '대한민국 기득권의 관행'을 따른 대가를 너무 혹독하게 치렀다는 동정심, 사법부 개혁을 시도하다가 가족이 모두 처절하게 고난받았다는 정치적 메시아론, 작은 잘못은 했지만 그걸 잘못이라고 지적하는 것은 정치적 역학을 모르는 '나이브'한 언사라는 비난, 나아가 "너희들도 그 정도의 지위에 있다면 다 했을 일인데 결국은 열등감의 표출"이라는 비하 발언까지 모두 '민주당 어른들'의 입에서 나왔다. 이에 발끈한 것은 '보수적'이라는 2030 청년 남성들만이 아니었다. 2030 청년 여성들도 분노했다. 『20대 남자: 남성 마이너리티 자의식의 탄생』을 쓴 저자들은 적어도 이 지점은 '20대 남녀 현상'으로 부르는 것이 더 적절할 것이라고 평가한다.[37] "기성세대가 기회를 빼앗고 있는가"에 대해 20대 남자 59.5%, 여자 50.7%가 그렇다고 답했다.

푸를 청(靑), 빛나고 신나고 기운 나야 할 시기인데 그렇지 못한 청년들이 너무 많다. 청년들의 사망 원인 1위가 자살인 지도 10년이 넘었다. 기대수명이 백 세를 넘어서는 시절에 장수를 꿈꾸는 청년들을 보지 못했다. 아무리 노력해도 부모 세대보다 잘살 가능성이 희박하다는 세대. 사회는 둘째 치고 지구도 열탕화되는 마당에 언제 종말이 온다고 해도 놀랍지 않다는 자조적이고 비관적인 정서가 가득한 세대. 어른들이 만들

---

[37] 천관율 외, 『20대 남자: 남성 마이너리티 자의식의 탄생』, 75.

어 놓은 무한경쟁, 적자생존의 치열한 '오징어 게임'을 치르면서 승자독식을 당연한 게임의 법칙이라고 내면화한 세대. 이 세계에서 숨을 쉴 수 없다면, 생기를 잃는다면, 서로를 혐오하는 것밖에 할 일이 없다면 '대안'(alternative)을 찾아야만 살 수 있는 것 아닌가.

어릴 적 읽었던 『꽃들에게 희망을』(트리나 폴러스)이란 동화로 이 글을 맺는다면 너무 낭만적일까? 애벌레들의 산을 경쟁적으로 올라 기어이 꼭대기에 다다랐던 줄무늬 애벌레, 노랑 애벌레와의 헤어짐도 불사하며 오른 그 정점에서 그는 무서운 대화를 들었다. "아무것도 없잖아?" "쉿, 조용히 해. 우린 저 밑의 애벌레들이 그렇게나 오르고 싶은 꼭대기에 있는 거라고." 그리고 이런 대화를 하던 윗동네 애벌레들은 그 맨 꼭대기를 열망하는 바로 밑의 애벌레들에 의해 밀려 맨 아래로 추락했다. 쿵. 그 동화책을 읽은 사람이라면 결말을 알 것이다. 줄무늬는 더 오르기를 포기했고 나비가 된 노랑이의 인도로 고치를 틀고 새로운 존재, 나비로 거듭난다. 유난히 그림이 많던 그 동화책의 마지막은 구구절절 언어로 마치지 않았다. 그리고 다음 장은 현저하게 줄어든 애벌레 기둥이 저 멀리 보이고 동산에 온통 형형색색의 나비들로 가득 차 있었다. 어릴 적 읽었으나 살면서 그 이상의 멋진 동화책을 다시 보지 못했다.

'한국교회에의 함의'를 써야 할 텐데, 동화 이야기로 글을 맺다니. 하지만 그리스도인이라면 얼른 알 일이다. 구약에서 신약으로 그리고 기독교 전통이 신앙의 핵심을 잡았다면 한결같은 사회적 상상력은 피라미드가 아닌 원이요, 위로 상승하는 것이 아닌 옆으로 감싸안으며 지경을 넓히는 것이라는 것을. 하나님 나라의 수평적 차원을 믿고 알고 살아가는 그리스도인이라면 정확히 그 반대의 질서를 정당화하고 보수하려 애쓰며 그 안에서 살아남기 위해 발버둥 치는 청년들을 기껏 갈라쳐서 서로의 생명을 갉아먹게 해서는 안 된다는 것을⋯.

아브라함이 당시 도시국가의 수직적 시스템을 '나와서' 하나님께서 약속하신 '땅'으로 향했던 것을 21세기 부동산 투기의 심리로 읽으면 안 된다. 그 '땅'은 잠시 나그네처럼 거류할 수는 있으나, 우리가 소유하고 대를 물리고 더구나 투자금융 이익을 얻을 땅은 아니다. 그 '땅'은 하나님의 통치 질서가 가득한 공간의 은유다. 팔레스타인만이 약속의 땅은 아니다. 그렇게 '문자적'으로 믿은 이스라엘은 지금 팔레스타인 땅에서 어마어마한 반(反)하나님적인 행동을 신앙의 이름으로 일삼고 있다. "네가 또 빼앗고 또 죽이는구나!" 땅이 여호와의 것임을 고백하고 그 질서대로 살기 위해 사고팔지 않으려 저항했던 나봇을 죽이고, 기어이 나봇의 포도원을 약탈한 아합을 향해 여호와께서는 서슬 시퍼런 경고를 내리셨다.

로마의 제국 질서 한복판에서 하나님 '나라'를 선포하신 예수님도 세상과는 차원이 다른 '게임의 규칙'을 제시하셨다. "높아지려고 하느냐? 먼저 낮아져라, 섬겨라, 봉사해라, 희생해라." "이웃을 수단시하고 탐욕의 눈으로 바라보려 하느냐? 그런 눈과 손으로는 하나님 '나라'에 못 들어간다. 차라리 그런 탐욕의 눈을 빼고 부정한 손을 찍어내는 것이 나으리라." 이미 열두 살 때 예루살렘의 고위 율법학자들과 율법의 정신을 논하실 만큼 천재적이었던 유대 소년 예수님의 꿈은 최연소 율법학자도 아니요,

로마를 무찌르고 통일 유대 왕국의 제왕으로 등극하는 것도 아니었다. 예수께서 이해하신 메시아 됨이 '정치적' 차원이었다면, 십자가는 철저한 실패다. 그러나 하나님의 '아들'(그리고 '딸')로서 누려야 마땅한 자유와 존귀함을 서열화하고 박탈하는 세상 나라에 '저항하는 상징'으로서는 완벽한 성공이다.

서른세 살의 나이조차 함의하는 바가 크다. 기독교는 청년의 종교다. 유대교가 화석화되어 교인들의 자유와 존엄함을 '율법주의적'으로 박탈하고 있을 때, 사람(인자)이 하나님의 아들이고 딸임을! 그래서 굳이 제사장에게 가서 의례적 행위를 통해 죄 씻음을 통과할 필요가 없음을! 어느 자녀가 '아버지'께 나아가는 데 절차에 돈(헌금/세금)까지 챙겨야 하겠는가! 하나님 나라의 '공정'을 선포하시다가, 마지막까지도 그 선포를 그치지 않은 대가로 살과 피를 내어주신 거다. 필자는 십자가를 그렇게 믿는다. 그래서 기독교는 영원히 청년의 종교다. 공정하지 않은 세상의 법칙에 대들고 저항해야 하는 종교다.

필자는 기독교가 가진 '저항의 정신'을 성서에서 배웠지만, 박사학위 논문 주제로 한국의 무(無)교회 운동을 공부하면서 확신하게 되었다. 무교회 운동의 한 주도적 인물이었던 함석헌은 기독교인이라면 언제나 '청년성'을 가지고 있어야 한다고 했다. 늘 새롭게 주시는 영을 받는 종교요 새로운 깨달음을 얻는 계시의 종교인데, 어찌 '보수'가 있고, '멈춤'이 있고, '껍질'이 있고, '화석화'가 가능하겠느냐는 것이다. 교리화되고 '염불화'된[38] "예수 천당, 불신 지옥"은 그치고, 예수 정신을 돌아보자는 초청이었다. 이는 오늘의 한국교회, 특히나 12.3으로 드러난 한국교회의 '민낯'을 보고 나니 더욱 유효한 질문이요 초청이다.

결국은 '진보' 진영을 편듦인가? 진영으로 말하자면 지금의 '진보'가 정말 앞으로 나아가고 있는지, 새로움을 향해 자신을 열고 있는지 모르겠다. 하지만 생명이 죽지 않았다면 앞으로 나아가야 한다는 것은 안다. 믿는다. 만약 지금의 '진보 진영'이 제 몫을 지키려는 데만 집중한다면, 이를 '보수'라는 말 말고 다른 어떤 말로 부를 수 있을까? 우리 청년들이 어른들이 갈라치는 대로 갈라지지 않기를 바란다. 개강 첫날부터 기운이 없는 청춘을 앞에 놓고 쓰려니 마치 유언처럼 되어버렸지만, '함의'가 뭐 별다른 게 있겠는가. 한국교회도 보수니 진보니 자기편 지키려는 것이라면, 어차피 '늙은' 것이다. 엘리도 사무엘도 '늙으매' 하나님의 영을 분별하지 못했다. 하나님께서 약속하셨고, 예수께서 살아내신 그 질서를 향해 조금씩 앞으로 나아가는 것, 그것을 진보니 보수니 하는 말 대신에 '청년성'이라고 불러도 좋겠다. 청년성은 생물학적 나이와는 아무 상관이 없다. 이 시스템에 갇혀 생명 없는 것을 지키며 늙지 않기를…

---

38 '염불화'라고 표현한 것은 김교신이나 함석헌과 같은 무교회 동인들이 불교를 폄훼하였다는 의미가 아니다. 우리나라에 불교가 들어온 지 오래되었고 대중불교의 차원에서 불교의 깊은 가르침을 단순하고 반복적으로 읊조릴 수 있도록 생활형 문구를 만들다 보니 어느덧 '염불'만 외울 뿐 정작 중요한 불교 정신을 잃어버린 사람들이 많은 한국적 상황을 빗대어, 무교회 동인들은 기독교도 어느덧 반세기 이상을 지나는 과정에서 "예수 천당, 불신 지옥"에 담긴 하나님 나라의 심오한 질서를 잊고 일상화(routinization)된 반복 어구로만 사용되고 있다는 의미로 비판했다.

이제는 서로 마주 보며 청년들의 의제를 치열하게 생각해 보기를…. 교회가 먼저 여자 청년들, 남자 청년들을 향해 장(場)을 열고 판을 벌이고 자리를 내어주기를…. 청년성이 우리에게 던질 새로운 의제들을 기다린다. 우리에게 던질 숙제들도 기다린다. 이미 '늙어가는' 세대이지만 진지하게 성실하게 응답할 테니, 엉뚱한 싸움 대신 잘못한 어른들에게 질문을, 과제를 던져 주기를….

전광훈과 태극기 집회
– 민주주의 수호자인가 아니면 파괴자인가

배덕만*

I. 글을 시작하며

2024년 12월 3일 윤석열 전 대통령이 비상계엄을 선포했다. 대부분의 시민들은 귀를 의심했다. 박정희, 전두환 시절의 계엄령을 기억하는 사람들은 죽음의 공포에 휩싸였다. 다행히도 시민들의 용감한 행동과 민주당 의원들의 신속한 대처 덕분에 비상계엄은 해제되었다. 이후 민주시민들은 추운 겨울 내내 윤석열 탄핵을 외치며 여의도, 한남동, 남태령을 지켰다.

---

* 기독연구원 느헤미야 교수 / 교회사

하지만 이 과정에서 정반대의 깃발 아래 결집한 사람들이 있었다. 그들은 윤석열의 비상계엄을 '계몽령'이라고 지지하고, 부정 선거와 중국 개입설을 유포하며 계엄의 근본적 원인을 민주당과 이재명에게 돌렸다. 심지어 서부지법을 폭력적으로 침입하여 난동을 부렸다. 이런 반헌법적, 비민주적 극우 세력의 중심에 전광훈과 그의 추종자들이 있었다. 순식간에 이들은 교회의 경계를 넘어 일반 언론의 집중 조명을 받기 시작했고, 이들로 인해 교회는 갈등과 분열에 휩싸였다.

그 결과, 전광훈에게 수많은 닉네임이 붙었다. "반동적 세력 전반을 아우르는 주류 극우 선전가",[1] "극우 진영 아이콘",[2] 심지어 "선지자"[3] 등. 이상철의 조사에 따르면, 개신교인 중 전광훈을 지지하는 사람들은 13.4%에 불과하지만, 이들의 극단적 활동으로 "계엄 선포와 탄핵 국면에서 극우의 핵심 또는 극우의 정체성이 개신교로 각인되고 있다."[4] 교회에게는 '치명타'다.

그렇다면 어떻게 십자가로 상징되는 사랑과 정의의 종교 안에서 정치적 선동과 혐오 발언, 폭력과 욕설, 가짜뉴스와 음모론이 난무하는 극우적 정치 세력이 출현할 수 있었을까? "종북주사파 척결"과 "자유민주

---

[1] 이상원, "극우에 순종하라, 전광훈이 구원하리니," 「시사IN」 2025. 2. 17.
[2] 신비롬, "전광훈, 그는 누구인가?," 「평화나무」 2025. 2. 7.
[3] 전광훈 추종자들은 그를 선지자로 칭하고 있다. "'할렐루야!!! 예수 한국 복음 통일 2025. 8. 15 광화문 천만조직 애국 국민대회를 원주 재천 자유마을 대회 선지자 전광훈 목사와 함께," https://www.youtube.com/shorts/5B4sEDQuVsY. (2025. 9. 31. 접속)
[4] 안치용, "손현보와 전광훈 말고 보이는 목사가 없다," 「르몽드 디플로마티크」 2025. 3. 24.

주의 체제 수호"를 주문처럼 외우며 예배 시간에 태극기, 성조기, 이스라엘기를 흔들면서 연신 "할렐루야"와 "아멘"을 외치는 이들이 과연 예수의 제자일까, 아니면 전광훈 숭배자일까? 이들을 여전히 그리스도인이라고 부를 수 있을까? 아니면 새로운 이단 혹은 신종교의 출현인가? 이들은 자유민주주의를 수호하는 진정한 애국자들인가, 아니면 온몸으로 민주주의를 거부하는 파시스트들에 불과한가? 이제부터 이런 질문들의 답을 하나씩 찾아보자.

II. 배경

1. 극우란 무엇인가?

극우주의자들은 자신들이 '극우'가 아니라고 강변한다. 대신 대한민국의 정체성, 즉 자유민주주의 수호를 위해 투쟁하는 '애국자'라고 주장한다. 비상계엄을 선포한 윤석열도 기회가 있을 때마다 '자유'를 반복해서 언급했고, 자신의 지지자들을 "자유와 민주주의를 사랑하는 애국시민"[5]으로, 반면 자신에게 반대하는 세력을 '반국가 세력'으로 각각 규정했다.

---

5 전광훈을 애국자로 찬양하는 <어둠 속에서 빛을 찾은 자여>(작사, 작곡: 신의 한수)란 노래도 있다. https://www.youtube.com/watch?v=qp37TRWqNzk&list=RDqp37TRWqNzk&start_radio=1. (2025. 8. 25. 접속)

하지만 비상계엄을 통해 극명하게 드러난 윤석열과 전광훈 그리고 그들을 추종하는 세력을 언론과 학계, 종교계는 거의 일관되게 '극우', '극우주의자', '극우 세력'이라고 칭한다. 그렇다면 '극우'(far right)란 무엇인가?

먼저 극우주의와 보수주의는 구별된다. 보수주의는 "기존 사회 체제의 안정적인 발전을 추구하는 정치 이념"[6]이며 급진적 혁명 대신 점진적 개혁을 추구한다. 반면 극우주의는 "극단적으로 보수주의적이거나 국수주의적인 경향이나 태도"[7]를 일컬으며 "체제를 뒤엎는 것"이다.[8]

둘째, 정치학자 카스 무데(Cas Mudde)는 극우를 보수주의나 자유주의 같은 주류 우익과 구분하고, 다시 '극단 우익'(extreme right)과 '급진 우익'(radical right)으로 세분한다. 극단 우익은 파시즘처럼 "민주주의의 본질인 국민주권과 다수 통치를 거부"하는 반면, 급진 우익은 "민주주의의 본질은 수용하지만, 자유민주주의의 기본 요소인 법치나 권력분립, 소수 권리 등의 개념에는 반대한다."[9] 특별히 카스 무데는 우익과 파시즘의 유착 관계를 강조한다.

셋째, 무데의 주장처럼, 극우는 민족주의, 인종주의, 반공주의, 전체주의, 근본주의 등이 혼합된 특성, 즉 파시즘적 특성을 보인다.[10] 전체주의적

---

6 성한용, "윤석열·전광훈이 이끄는 극우정당, 국힘 하기에 달렸다," 「한겨레」 2025. 2. 2.
7 https://dic.daum.net/search.do?q=%EA%B7%B9%EC%9A%B0&dic=all&search_first=Y. (2025. 8. 26. 접속)
8 성한용, "윤석열·전광훈이 이끄는 극우정당, 국힘 하기에 달렸다."
9 카스 무데/권은하 옮김, 『혐오와 차별은 어떻게 정치가 되는가: 열 가지 키워드로 읽는 21세기 극우의 현장』(서울: 위즈덤하우스, 2021), 14.

관점에서 파시즘의 특징을 설명한 케빈 패스모어(Kevin Passmore)도 이런 특성을 다음과 같이 축약적으로 정리한다.

> 극우주의는 기존 체제에 대한 불신과 배타적 정체성 정치를 통해 사회적, 정치적 기반을 확장하며, 그 과정에서 혐오를 강력한 도구로 활용한다. 극우주의가 표방하는 배타적 민족주의, 반다문화주의, 반이민 정책 등은 특정 집단을 혐오의 대상으로 삼아 대중의 분노와 불안을 조직적으로 동원한다. 가장 자주 표적이 되는 집단은 민족적, 종교적 소수자, 성소수자(LGBTQ+), 이민자, 여성 그리고 사회적 약자들이다.[11]

끝으로 한국의 개신교 극우는 이런 극우주의의 일반적 특징을 공유하면서, 식민지, 분단, 전쟁, 독재로 이어지는 독특한 역사적 과정에서 고유한 특성과 활동을 발전시켰다. 강인철은 그 내용을 다음과 같이 정리한다.

> 반공, 반북, 친미라는 기조는 지금까지 20년 가까이 굳건히 유지되고 있다. 2003년부터 최근까지 개신교 우파는 다양한 영역들에서 정치 활동을 펼쳐 왔는데, 이를 몇 가지로 구분할 수 있다. (1) 반공, 반북, 친미라는

---

10 앞의 책, 41-66.
11 한미애, "극우주의와 혐오," 「복지동향」 318 (2025. 4.): 16-17.

3대 가치를 지키거나 강화하기 위한 활동, (2) 퀴어, 무슬림, 양심적 병역 거부자, 난민 등 사회적 소수자 인권을 보장하기 위한 법률, 조례나 정책, 제도의 도입을 저지하는 활동, (3) 주로 선거운동으로 나타나지만, 자신들이 지지하는 정권을 창출 혹은 재창출하기 위한 활동, (4) 자신들이 지지하는 정권을 수호하기 위한 친위대적 사회운동, (5) 개신교 계통 학교와 복지기관의 지배구조, 성직자 납세, 교회 재정 운용 투명성 등과 관련된 개신교회의 제도적 이익을 방어하기 위한 활동.[12]

이 같은 극우주의의 본질과 특성에 대한 학계의 논의를 토대로 전광훈 세력의 활동과 주장을 검토해 보자. 과연 그들은 진정한 체제 수호자이며 애국자일까? 아니면 헌법과 자유민주주의를 파괴하는 위헌적 반민주적 극우 세력일까?

2. 한국 개신교의 극우화와 전광훈 현상의 출현

한국에서 극우는 해방과 분단, 군정과 정부수립, 한국전쟁을 통과하면서 본격으로 출현했다. 이 과정에서 개신교 내에서도 월남한 개신교인들을 중심으로 근본주의와 반공주의를 토대로 한 극우 세력이 출현했다. 이들은 이승만, 박정희, 전두환 시대를 통과하면서 한국 극우의 중심부로

---

12 강인철, "한국 개신교와 보수적 시민운동," 「인문학연구」 33 (2020. 6.), 14.

꾸준히 이동했다. 하지만 당시에는 국가와 집권 세력이 극우였기 때문에 개신교 극우 세력이 공적 영역에서 자신의 존재감을 극명하게 드러낼 필요는 거의 없었다.

하지만 1988년 '한국기독교교회협의회'(NCCK)가 "민족의 평화와 통일에 대한 한국기독교의 선언"을 통해 전쟁과 분단에 대한 교회의 책임을 인정하고 주한미군 철수를 제안하자, 이에 대한 반작용으로 1989년 '한국기독교총연합회'(한기총)가 출범하면서 상황이 변하기 시작했다. 한기총은 초창기에 우파적 정치 이념을 집단적으로 표출하기보다 인도적 차원의 북한 후원에 집중했다. 하지만 1997년 김대중 정권 출범 이후 '좌파 정권'에 대항한 대규모 반정부 집회를 주도하면서 극우적 특성을 본격적으로 표출하기 시작했다. 특히 노무현 정권이 출범한 2003년부터 한기총과 일부 대형 교회 목사들을 중심으로 반정부 집회가 연속적으로 개최되면서 "개신교는 한국 우익의 핵심 세력 중 하나로 공인"되었다.[13]

2006년 '동성애 차별금지법안 저지 의회선교연합'이 결성되면서 개신교 내의 반동성애 운동이 본격적으로 시작되었고, 2013년에는 '종북게이'라는 신조어도 탄생했다. 이후 차별금지법 반대를 축으로 한 반동성애 운동이 교파를 초월한 핵심적 쟁점으로 급부상했다. 또한 2016년은 한국 개신교 극우 세력에게 결정적인 전환점이 되었다. 즉, 박근혜 대통령 탄핵을 둘러싸고 한국 사회가 양분되었으며, 탄핵 찬성 측이 10월부터

---

13 앞의 논문, 12.

'촛불 집회'를, 반대 측이 11월부터 '태극기 집회'를 각각 시작한 것이다. 이때부터 태극기가 본격적으로 극우를 상징하기 시작했고, 개신교 극우 세력이 태극기 집회를 주도하게 되었다.

2018년도 중요하다. 이 해부터 전광훈 목사가 개신교 극우 세력의 새로운 중심축으로 부상하기 시작했기 때문이다. 뿐만 아니라 전광훈과 관계가 깊은 극우 유튜버들(신혜식의 "신의 한수" 등)이 본격적으로 활동하기 시작했다. 이런 흐름은 2019년 전광훈과 극우 정치인 황교안이 각각 한기총 대표회장과 자유한국당 대표로 선출되면서 규모와 영향력 측면에서 크게 팽창했다. 전광훈은 황교안을 하나님이 세운 대한민국의 차기 지도자로 추켜세웠고, 그들의 주도하에 '조국 장관 퇴진 촉구 집회'와 '문재인 퇴진 철야 국민대회'가 개최되었다. 그 결과, "2019년 들어 보수 개신교는 태극기 집회로 대표되는 극우 정치 집회의 확고부동한 주축이자 주동력으로 평가받았"다.14 같은 해 전광훈이 '문재인 하야 범국민투쟁본부'를 결성하면서 '전광훈 임팩트', '전광훈 현상'이라는 용어까지 출현했다.15

---

14 앞의 논문, 9.
15 박선교, "개신교 극우주의에 대한 본회퍼 신학의 응답," 「가톨릭뉴스 지금여기」 2025. 6. 25.

III. 비상계엄과 전광훈 세력

1. 비상계엄

윤석열 전 대통령은 2024년 12월 3일 22시 23분 "비상계엄 선포 긴급 담화문"을 발표했다. 윤석열은 민주당의 정부 관료 탄핵 추진과 예산 삭감을 "자유 대한민국의 헌정 질서를 짓밟고, 헌법과 법에 의해 세워진 정당한 국가 기관을 교란시키는 것으로써, 내란을 획책하는 명백한 반국가 행위"로 규정했다. 또한 국회는 "범죄자 집단의 소굴"이며, "입법 독재를 통해 국가의 사법·행정 시스템을 마비시키고, 자유민주주의 체제의 전복을 기도"한다고 단정했다. 그러면서 "북한 공산 세력의 위협으로부터 자유 대한민국을 수호하고 우리 국민의 자유와 행복을 약탈하고 있는 파렴치한 종북 반국가 세력들을 일거에 척결하고 자유 헌정 질서를 지키기 위해 비상계엄을 선포"했다.16

같은 날 23시 23분 계엄사령관 육군대장 박완수의 이름으로 "계엄사령부 포고령(제1호)"이 포고되었다. "자유 대한민국 내부에서 암약하고 있는 반국가 세력의 대한민국 체제 전복 위협으로부터 자유민주주의를 수호하고, 국민의 안전을 지키기 위해" 다음과 같은 사항을 포고했다.

---

16 시사IN 편집국, 『다시 만난 민주주의: 12.3 비상계엄에서 파면까지, 광장의 빛으로 다시 쓴 역사』 (서울: 아를, 2025), 69-72.

1. 국회와 지방의회, 정당의 활동과 정치적 결사, 집회, 시위 등 일체의 정치 활동을 금한다.
2. 자유민주주의 체제를 부정하거나, 전복을 기도하는 일체의 행위를 금하고, 가짜뉴스, 여론조사, 허위 선동을 금한다.
3. 모든 언론과 출판은 계엄사의 통제를 받는다.
4. 사회 혼란을 조정하는 파업, 태업, 집회 행위를 금한다.
5. 전공의를 비롯하여 파업 중이거나 의료 현장을 이탈한 모든 의료인은 48시간 내 본업에 복귀하여 충실히 근무하고, 위반 시는 계엄법에 의해 처단한다.
6. 반국가 세력 등 체제 전복 세력을 제외한 일반 국민들은 일상생활에 불편을 최소화할 수 있도록 조치한다.[17]

이후 계엄군과 경찰 기동대가 중앙선관위 과천청사와 국회에 투입되었다. 국회 밖에선 시민들이, 국회 안에선 보좌관들이 목숨을 걸고 온몸으로 계엄군을 막았다. 이 사이에 우원식 국회의장은 국회 담을 넘었고, 민주당 의원들이 봉쇄를 뚫고 국회에 속속 집결했다. 국민의힘 의원들 대부분이 불참했지만, 12월 4일 오전 1시 2분 "계엄 해제 결의안"이 통과되었다. 윤석열은 오전 4시 20분 비상계엄 해제를 선언했다. 그리고 12월 14일 국회에서 "윤석열 탄핵 소추안"이 통과되었으며, 4월 4일

---

17 앞의 책, 73.

헌법재판소는 윤석열을 만장일치로 파면했다.

> 피청구인은 현재의 정치 상황이 심각한 국익 훼손을 발생시키고 있다고 판단하였더라도, 헌법과 법률이 예정한 민주적 절차와 방법에 따라 그에 맞섰어야 한다. 그러나 피청구인은 국가긴급권 남용의 역사를 재현하여 국민을 충격에 빠트리고, 사회·경제·정치·외교 전 분야에 혼란을 야기하였다. 국민 모두의 대통령으로서 자신을 지지하는 국민의 범위를 초월하여 국민 전체에 대하여 봉사함으로써 사회공동체를 통합시켜야 할 책무를 위반하였다. 헌법과 법률을 위배하여, 헌법 수호의 책무를 저버리고 민주공화국의 주권자인 대한민국의 신임을 중대하게 배반하였다. 그러므로 피청구인을 대통령직에서 파면한다.[18]

윤석열의 12.3 계엄 이후 이틀 동안 야당, 정치권, 대학가, 종교, 법률, 여성, 인권, 경제, 노동, 언론, 역사, 의료, 출판, 문학, 연극, 과학기술, 환경, 체육, 동물보호 등 각계각층에서 "윤석열의 비상식적, 비민주적, 비문명적 행태에 항거하는"[19] 100건이 넘는 시국선언과 성명이 발표되었다. 그리고 대다수 헌법 전문가들은 "헌법 수호 책무를 지는 대통령이 헌법과 법률에 반하는 포고령을 발"했기 때문에, 형법상 가장 무거운

---

18 앞의 책, 356.
19 앞의 책, 108.

범죄, 즉 "내란"에 해당한다고 평가했다.[20] 무엇보다 비상계엄이 선포된 2024년 12월 3일부터 윤석열 탄핵소추안이 통과된 12월 14일까지 수많은 민주 시민이 여의도, 광화문, 남태령에서 "응원봉, 선결제, 은박 담요, 각종 재치 넘치는 깃발들"과 함께 "겨울의 광장을 채우고 데웠다."[21] 그렇게 대한민국의 민주주의는 윤석열의 내란을 극복했다.

2. 전광훈 세력의 활동

윤석열의 비상계엄 선포 이후 국회의 계엄 해제 및 탄핵소추, 헌재의 탄핵 인용 등에 대해 미국과 유럽의 주요 언론들은 매우 긍정적인 평가를 내렸다. 「워싱턴포스트」와 「월스트리트저널」 등은 헌재의 결정을 "법치와 제도의 힘이 정치 위기를 관리하는 모습"이라고 분석했으며, 「가디언」과 「르몽드」 같은 유럽의 주요 언론은 "한국의 민주주의가 시민 역량을 통해 작동한다"고 평가하면서 "한국 시민사회의 저력에 주목"했다.[22]

하지만 이 기간 동안 전광훈을 축으로 한 개신교 극우 세력의 모습은 정반대였다. 기본적으로 그들은 윤석열의 비상계엄을 지지했을 뿐만 아니라 그에 대한 탄핵에 폭력까지 동원하며 저항했다. 즉, 12월 3일 윤석열이 비상계엄을 선포한 직후 전광훈은 자신의 유튜브 "전광훈TV"

---

20 앞의 책, 51.
21 앞의 책, 11.
22 "윤석열 대통령 파면에 대한 해외 반응 총정리," 「데일리럭키」 2025. 4. 5.

라이브 방송에서 "너무 잘했다"고 평가하면서, "5,200만 국민들은 대통령의 심정을 이해하고 함께 뜻을 합하여 대통령이 추진하는 계엄령에 온 국민이 참여해야 한다"고 요청했다.[23] 이후 윤석열에 대한 탄핵 소추안이 국회에서 통과되고 헌법재판소의 탄핵 심판이 시작되자, 전광훈과 그의 추종자들은 광화문 광장, 한남동 대통령 관저 앞, 서부지법 앞 등지에서 탄핵 반대 집회를 열었으며, 유튜브 방송을 통해 탄핵 반대를 선동했다. 몇 가지 대표적인 예들만 소개하면 다음과 같다.

먼저 전광훈은 12월 22일 유튜브 방송에서 대통령 측이 "직무 정지 해제 가처분 신청"을 할 계획이라고 밝히면서, "(직무 정지가) 풀어지면 대통령이 또 계엄령을 새로 선포하면 되는 거야"라고 또 다른 계엄을 기대·지지했다. 한편 2025년 1월 3일 한남동 대통령 관저 앞에서 '체포 반대 집회'가 열렸다. 이날은 윤석열에 대한 1차 체포 시도가 실패한 날이다. 이날 집회에서 전광훈은 자신이 "광화문 국민혁명 대표요 그리고 총사령관"이라고 선언하면서, "윤석열 대통령이 계엄 선포를 안 했다면 이 나라는 이미 북한으로 넘어갔다", "대한민국 선거는 완전히 북한의 해킹을 통해 이뤄졌다. 대한민국의 모든 언론은 북한이 점령하고 있다. 우리나라 국회의원들의 절반이 가짜다"라고 주장했다. 그와 현장에 함께 있던 극우 유튜브 방송 "신의 한수"의 신혜식 대표도 "대통령 체포됐다면 그때는 차벽이고 뭐고 때리고 부수고 들어가서 공수처 새끼들

---

23 신비롬, "윤석열 대통령 비상계엄령 선포에 전광훈 '만세'," 「쩌날리즘」 2024. 12. 4.

다 그냥 끌어내 갖고 그 자리에서 우리가 즉결 처형할 겁니다"라고 폭력을 선동했다.24

1월 15일 윤석열에 대한 체포영장이 집행된 것에 분개한 60대 노인이 공수처가 위치한 과천 정부청사 부근에서 분신을 시도하고 사망한 사건이 발생했다. 이 소식을 들은 전광훈은 다음 날 자신의 유튜브 방송에서 다음과 같이 탄핵에 대한 폭력적 저항을 선동했다. "나에게도 개인적으로 생명을 던지겠다는 메시지가 수백 통이 왔다. 지금은 때가 아니니까 언제든지 내가 죽을 기회를 줄 테니, 조금만 더 기다려서 효과 있는 죽음을 해야 한다."25 16일에도 유튜브 방송을 통해 "윤석열 대통령 탄핵 반대 집회에 1,000만 명을 동원해야 한다. … 사람들을 모집해 오는 교인들에게 인당 5만 원의 활동비를 지급하겠다. … 서부지방법원에 구속영장 청구하면 서부지방법원도 불 속에 넣어 태워버려야 한다"고 참담한 발언을 이어갔다.26 이에 대한 반응으로 사랑제일교회 특임전도사 이성한은 유튜브 방송에서 "(전광훈 사령관의) 명령이 떨어지면 숨도 안 쉬고 쳐들어갑니다. 총 맞아 죽든 몽둥이를 맞아 죽든 간다고요"라고 말했고, 실제로 19일 새벽 서부지법에 침입하여 7층 판사 집무실 문을

---

24 허호익, "법원 폭동과 2차 계엄 선동한 전광훈 처벌해야 한다," 「에큐메니안」 2025. 1. 31.
25 한지숙, "韓기독교장로회 '전광훈 내란은 선전·선동 핵심인물, 참회하고 책임지라," 「헤럴드경제」 2025. 1. 20.
26 고영미, "'헌법 위에 국민저항권 있다'는 전광훈, '내란·법원폭동 배후'로 지목… 기독교도 '배후는 전광훈'," 「폴리뉴스」 2025. 1. 21.

발로 차는 등 폭력을 행하여 '주거침입' 혐의로 구속되었다.[27]

1월 18일 전광훈은 하루 종일 윤석열을 지키기 위해 광화문, 과천, 안산을 뛰어다녔다. 광화문 집회에선 "당장 서울서부지법으로 모여 대통령 구속영장을 저지하기 위해 국민 저항권을 발동해야 한다",[28] "우리는 서울구치소를 들어가서 강제로라도 대통령을 서울구치소에서 모셔 나와야 되는 것입니다", "서부지방법원 주소를 한 번 띄워 주세요. 우리는 빨리 그쪽으로 이동해야 합니다. 지금부터 내 말 안 들으면 총살이야, 총살"이라고 목소리를 높였다.[29] 같은 날 안산 집회에선 "토요일(집회)에 3,000만 명 나오면 그 자체가 혁명"이므로 전세방을 빼서라도 집회 버스를 예약해야 한다고 독려하면서, "나라가 북한으로 넘어가면 전세방이 어디 있느냐?", "대통령을 도와야 한다"고 선동했다. 마침내 그의 요구와 기대처럼, 다음 날인 1월 19일 새벽 수많은 폭도들이 서부지방법원에 난입하여 기물을 파괴하고 방화를 저지른 '서울지법 폭동'이 발생했다. 전광훈 세력의 '맹목적인 윤석열과 비상계엄 옹호'가 절정에 달한 순간이었다.

---

27 송주열, "그리스도인모임, '법원 폭동과 2차 계엄 선동한 전광훈 목사 처벌해야,'"「CBS노컷뉴스」 2025. 1. 31.
28 곽성규, "300만 애국시민들, '국민저항권' 발동으로 '尹 영장심사'에 맞서다,"「자유일보」 2025. 1. 18.
29 양정진, "'서부지법 주소 띄워… 폭동 배후 지목된 전광훈 출국금지,"「JTBC뉴스」 2025. 8. 8.

IV. 전광훈 세력 분석

1. 전광훈

전광훈은 1954년 경북 의성에서 출생하여 광운전자공업고등학교와 대한신학교 야간 학부를 졸업했다. 전도사 시절이던 1983년 사랑제일교회(예장 대신)를 개척하여 2024년 은퇴할 때까지 담임 목회를 했다. 1998년에는 청교도영성훈련원도 설립했다. 그는 청교도영성훈련원 총재였던 김홍도 목사의 금란교회에서 부흥회를 인도한 후 부흥사로 명성을 쌓아갔다. 그러던 2005년 대구의 한 교회에서 설교 도중 소위 '빤스 설교'로 논란의 대상이 되었다. "이 성도가 내 성도가 됐는지 알아보려면 젊은 여집사에게 빤스를 내려라. 한번 자고 싶다 해보고 그대로 하면 내 성도요, 거절하면 똥"이라 말한 것이다. 2006년에도 '천안·아산 지역 연합 대성회' 강사로 설교하던 중 "우리 여자들 교회 올 때 빤스 다 보이는 치마 입으면 돼? 안돼? 내가 그렇게 입고 오면 들춘다"고 성희롱성 망언으로 구설수에 올랐다. 2007년 마산의 한 집회에서도 "만약 이번 대선에서 이명박 안 찍는 사람은 내가 생명책에서 지워버릴 거다"라며 이명박 후보를 공개적으로 지지하여 빈축을 샀다.[30]

2008년부터 전광훈은 정치판에 본격적으로 뛰어들었다. "조용기

---

30 김종희, "빤스 목사님과 꼴뚜기 왕자님," 「뉴스앤조이」 2008. 1. 3.

목사와 김준곤 목사가 기독교 정치 세력을 만들라고 했다"며 '기독사랑실천당'에 관여하고 공동대표를 맡은 것이다. 18대 총선에 참여하여 비례득표 2.59%를 얻었으나 원내 진입에는 실패했다. 이후 2011년 장경동 목사, 김충립 목사 등과 함께 '기독자유민주당'을 창당하고 후원회장으로 활동했다.[31] 그럼에도 한국 정치계나 교계에서 그의 존재감은 크지 않았다. 하지만 2018년 선거법 위반으로 법정 구속되었다가 수감 2개월 만에 병보석으로 석방된 직후부터 "전 목사가 극우 정치의 주류로 부상"했다.[32] 김문수 전 고용노동부 장관, 보수 논객 정규재 등과 연대하고 문재인 퇴진을 본격적으로 외치면서 존재감이 드러나기 시작한 것이다. 이런 그의 행보는 2019년 본격적인 궤도에 올랐다. 1월에 한기총 대표회장으로 당선되었고, 9월에 '문재인하야범국민투쟁본부'를 창설한 것이다. 하지만 그가 총회장으로서 합동을 주도했던 예장(백석 대신) 총회에서 7월에 면직·제적되자, 10월부터 자신을 중심으로 예장(대신 복원) 총회 설립을 준비했다. 이 와중에 10월 22일 청와대 앞 집회 현장 저녁 예배 때 "대한민국은 누구 중심으로 돌아가는 것이냐. 전광훈 목사 중심으로 돌아가게 돼 있어. 기분 나빠도 할 수 없다. 나에게 '기름 부음'이 임했기 때문이다. … 나는 하나님 보좌를 딱 잡고 살아. 하나님 꼼짝 마. 하나님 까불면 나한테 죽어"라는 초유의 망언을 했다.[33] 이 말은 해외에서도

---

31 신비롬, "전광훈, 그는 누구인가?," 「쩌날리즘」 2008. 2. 7.
32 류석우, "전광훈 피라미드," 「한겨레21」 2025. 2. 7.
33 이명선, "전광훈 목사 '하나님 까불면 나한테 죽어' 발언 논란," 「프레시안」 2019. 12. 9.

보도됐다.34

2020년도 전광훈에겐 다사다난한 해였다. 먼저 전광훈은 김문수와 의기투합하여 1월에 '자유통일당'을 창당했으나, 당 대표 김문수가 우리공화당과 합당하여 당명을 '자유공화당'으로 변경하는 과정에서 김문수와 결별했다. 이후 그는 자유통일당의 당명을 가져와 3월에 '기독자유통일당'으로 변경했다. 이 당은 다시 '국민혁명당'(2021. 6.), '자유통일당'(2022. 4.)으로 계속 이름이 바뀌었다. 또한 전광훈은 2월에 공직선거법 위반 혐의로 구속되었다가 보석으로 석방되었는데, '보석 지정 조건 위반'으로 재수감되었다가 서울중앙지법 형사합의34부(부장판사 허선아)로부터 1심에서 무죄 선고를 받고 다시 석방되었다. 그런데 당국의 금지 조치에 불응하고 코로나19 상황에서 '8.15 광복절 문재인 정부 규탄 집회'를 강행했다. 사랑제일교회에서는 집단 감염 사태도 발생했다. 결국 감염병 예방법 위반 및 역학조사 방해 혐의로 전광훈과 사랑제일교회가 고발당하여 징역 1년 6개월 집행유예 3년을 선고받았다. 이런 상황에서 전광훈은 8월에 한기총 대표 회장 직에서 자진 사퇴했다.

이후에도 전광훈은 일관된 모습으로 태극기 집회를 이끌고 망언과 가짜뉴스를 양산하며 정치판을 흔들었다. 예를 들어 2021년 2월 21일 사랑제일교회 주일 설교 도중 "예수님 족보에 나온 여성들은 다 매춘을

---

34 해외에 소개된 전광훈의 신성모독적 막말을 신천지가 적극 홍보하며 한기총 해체 운동에 이용했다.

했다. 여러분들이 깨끗한 삶을 살아도 인간은 원죄 때문에 다 사탄과 동침한 창녀이거나 그 후손이다"35라는 망언으로 비난을 자초했다. 4.10 총선이 끝난 후에는 자유통일당의 선거 결과에 불복하여 "4.10 총선은 부정 선거"라고 주장하기 시작했다.36 하지만 자유통일당 비례대표 공천 과정에서 후보들에게 억대의 돈을 받은 사실이 발각되어 종교단체와 시민단체에 의해 공직선거법 및 김영란법 위반으로 고발당했다. 한편 전광훈은 지지자들에게 국민의힘 입당을 지시하여 2023년 3월에 열린 국민의힘 전당대회에서 큰 영향력을 행사했다. 전 대구시장 홍준표가 자신의 페이스북에서 이 사실을 폭로했다.37

전광훈은 2024년 사랑제일교회 담임목사직에서 은퇴하고 현재는 고문으로 남아 있다. 동시에 자유통일당 명예 고문이자 대한민국바로세우기국민운동본부 의장으로서 광장과 유튜브에서 활동을 이어가고 있다.

---

35 김정호, "'대통령은 간첩' 전광훈 목사, 이번엔 '성경 속 여성은 창녀'," 「한경」 2021. 3. 4.
36 신다은, "전광훈 부정선거 출발은 자유통일당이 0석일 리 없어," 「한겨레21」 2025. 2. 7.
37 박소영, "홍준표, 이번엔 전광훈 거론… '야당, 유사 종교 집단서 탈출해야 산다'," 「한국일보」 2025. 7. 29. "한때 전광훈 목사가 신도들에게 국힘 책당(책임 당원)에 가입하라고 선동하는 걸 본 일이 있을 것이고, 전대(전당대회)가 끝난 후 선출된 당 대표와 최고위원이 전 목사를 찾아가 공개적으로 감사 인사를 한 것도 기억할 것… 그들은 그 신도들을 동원해 지구당 수십 개의 역할을 일사불란하게 동시에 수행하기 때문에 당 지도부나 각종 선거 경선 후보들은 이를 무시하지 못하고 쉬쉬하며 그들에게 조아리는 것."

2. 구성과 조직

1) 구성

김진호의 분석에 따르면, 전광훈을 추종하는 태극기부대의 극우 기독교인들은 대략 네 부류로 분류된다. 먼저 극우적 목사들에 의해 동원된 사람들이다. 이들은 대개 노인들이고 반공을 중심으로 동원된 소극적 참여자들이다. 둘째, 탈북자들이다. 이들은 일당을 받고 참여한 사람들과 금전적 보상 없이 참여한 사람들로 구분되지만, "거의 모두 적극적인 행위자들"이고, 대부분이 "극우적 탈북 단체"와 연결되어 있으며, 이 단체들의 다수가 "개신교 교회의 후원"을 받고 있다. 셋째, 광신자들이다. 이들은 과거에 산중 기도원을 중심으로 활동하다가 근래에 도시 유목민으로 전락하여 열정적인 거리 전도자가 된 "극우 이데올로기의 투사"들이다. 마지막은 극우 NGO 활동가들이다. 이들은 주로 2030 남성들이며 동성애, 이슬람, 종북, 페미니즘에 반대하고 사이버 테러를 감행한다.[38] 하지만 이들 외에 황교안, 윤상현, 김문수 같은 극우 정치인들,[39] 장신대 김철홍 교수 같은 극우 지식인들,[40] 전광훈에게 매료된 극우적 성향의 중산층 신자들[41] 그리고 얼굴을 드러내진 않지만 배후에서 인적, 재정적 후원을

---

38 김진호, "'태극기 집회'와 개신교 우파," 「황해문화」 (2017, 여름): 86-87.
39 박주연, "전광훈 손현보 파워게임," 「경향신문」 2025. 2. 19.
40 수현, "복음의 탈을 쓴 극우정치, 전광훈의 출마선언이 불길한 이유," 「여성신문」 2025. 5. 15.

아끼지 않은 대형 교회 목사들도 전광훈 세력의 주된 구성원들로 분류할 수 있다.[42]

2) 조직

12.3 비상계엄과 서부지법 난동 사건 이후 극우 유튜버들의 활동을 감시하고 대응하기 위해 출범한 '극우추적단'에서 '극우조직도'를 제작했다. 이 조직도에 따르면, 국내 극우파 파벌은 전광훈을 축으로 하는 '광화문파'와 손현보가 주도하는 '여의도파'로 양분되었다. 이에 따른 광화문파 조직도는 다음과 같다.

> 두목: 전광훈(자유마을+자유통일당)
> 부두목: 신혜식("신의 한수" 대표. 구독자 수 211만)
> 행동대장: 배인규(신남성연대)
> 순국결사대: 윤형보 전도사, 이형석 전도사, 방화범 투블럭
> 주요 조직원(유튜버): 김상진(43만), 홍철기(52만), 박완서(53만),
> 　　　　　　　　　　 이병준(23만), 우동균(28만)

---

[41] 김진호, "한국 극우 개신교: 다섯 가지 대이동과 세 번의 대전환," 「슬로우뉴스」 2025. 4. 23.
[42] 조현, "전광훈은 어떻게 개신교계 리더로 군림했을까?," 「한겨레」 2020. 9. 1. "전광훈 목사의 등장은 분단 상황을 유지해 교회 기득권을 지키고 정치권력까지 쥐락펴락해 온 대형 교회 극우 목사들에서 파생한 셈이다."

전광훈파 키즈: 게게사, 안새로, 보수감성, 천만혁명TV, 분탕탕탕

전광훈파 극우 유튜버(서부 폭도): 젊은시각(85만), 락TV(15만), 김사랑TV(10만), 파파존TV(22만), 부매랑(2만)[43]

이 조직도를 분석하면, 전광훈 세력은 사랑제일교회, 자유통일당, 자유마을 그리고 다양한 유튜브 채널들로 구성되었다. '자유마을'은 커뮤니티 앱을 매개로 운영되는 전국적인 공동체다. 이들이 제시한 "10대 강령"에는 "이승만·박정희 정신 계승, 정교분리 거부, 좌파 척결, 북한 해방" 외에 경제 생태계를 조성하여 전광훈 활동에 자금을 지원하는 것도 포함되어 있다. 자유마을은 전광훈 집회의 인원과 자금의 주된 자원 공급처로 기능하고 있다. 또한 유튜브는 광화문 광장과 함께 전광훈의 주된 활동 무대이자 영향력을 확장하는 핵심 도구다. 전광훈 자신이 유튜브 채널을 운영하고 있으며, "신의 한수"의 신혜식 같은 대규모 구독자를 거느린 유튜버들과 그 외 다양한 규모의 극우 유튜버들이 그의 주변에서 공생·협력하고 있다.

이 외에 우리는 전광훈이 직접 운영하거나 다양한 방식으로 연관된 사업체들도 주목해야 한다. 대부분의 사업체들이 사랑제일교회 인근 5층 건물에 입주해 있고, 전광훈의 아들, 딸, 며느리가 운영하거나 깊이

---

43 강한들, "'극우추적단'이 떴다… 극우 폭력·허위사실 막고 '유튜브 수익'도 차단," 「경향신문」 2025. 3. 5.

관여하고 있다. 지금까지 알려진 것들만 대략 열거하면 다음과 같다: 알뜰폰 업체 ㈜더피엔엘, 광고대행 ㈜리앤준, 출판사 ㈜퓨리턴퍼블리싱, 부동산업체 ㈜더엔제이, 콜센터 ㈜앤제이어스, 부동산업체 ㈜엔제이브릿지, 쇼핑몰 ㈜광화문온, 음향장비 ㈜)퓨리턴, 여론조사기관 ㈜리더스프로덕션, ㈜선교은행, 자유일보 등.[44] 이 사업체들을 통한 전광훈의 수익과 재산이 정확히 어느 정도인지 또 그것이 어디에 어떻게 사용되는지에 대해선 정확히 알 수 없지만, 전광훈 세력이 주최하는 대규모 집회와 다양한 활동에 사용되고 있음은 충분히 예상할 수 있다.

3. 주장과 특징

1) 주장

한국의 대표적인 우익 개신교인으로서 전광훈의 생각은 위에서 잠시 언급한 자유통일당과 '자유마을'의 강령을 통해 구체적이고 명료하게 공개되었다. 그 내용을 간략히 살펴보자. 먼저 자유통일당 홈페이지에는 「정강정책」으로 열두 가지 내용이 게시되어 있는데, 그중 네 개만 인용한다.

---

44 권지연, "빅브라더 전광훈'의 13개 사업장," 「민들레」 2025. 2. 13.

첫째, 자유통일당은 이승만 대통령의 4대 건국 정신 자유민주주의, 자유시장경제, 한미 동맹, 기독교 입국론에 입각하여, 박정희 대통령의 부국강병 정신을 계승하는 정통 애국 정당으로 헌법과 국가보안법을 지켜 대한민국을 바로 세우고 4차원 국가에 도전한다.

둘째, 자유통일당은 자유민주주의에 입각한 통일을 지향한다. 한반도 북쪽을 강점하고 있는 김정은 노동당 정권을 신속히 해체시키고 북한 동포를 구출한다. 이를 위하여 '북한 정보원'을 설립한다.

셋째, 자유통일당은 대한민국을 망친 주사파들을 척결하기 위하여 전후 독일이 만든 '반나치법'과 같이 '반주사파법'을 제정하여 주사파 세력들과 그들이 만든 주사파 촛불 문화를 척결하고 전교조와 민노총을 해산한다. 주사파들에 의해 자행된 불법 탄핵을 원천 무효화하고 대한민국 정체성을 부정하는 문재인 정권을 반드시 탄핵시킨다.

넷째, 자유통일당은 한미동맹을 현재 이스라엘과 미국을 능가하는 가치동맹과 신앙동맹으로 승격시켜, 우리나라를 세계적으로 선도하는 역할을 수행하며, 이를 통해 우리는 국제 사회에서 자주적이고 영향력 있는 지도자로서 역할과 우리의 가치와 신념을 세계에 더 널리 전파하는 데 기여한다.45

다음으로 자유마을 "10대 강령" 중 몇 가지만 인용해 보자.

---

45 https://jayuparty.kr/party. (2025. 8. 26. 접속)

첫 번째, 우리는 이승만 대통령이 제시한 대한민국 4대 건국 기둥(자유민주주의, 자유시장경제, 한미동맹, 기독교입국론)에 토대를 둔다.

두 번째, 우리는 '한강의 기적'을 낳은 박정희 대통령의 개발정신과 반공정신 등 국민정신혁명을 계승하여 흐트러진 정신문화를 혁명적으로 바꾼다.

…

다섯 번째, 우리는 정교분리, 새의 양날개론 등 잘못된 정치 족쇄 프레임을 완전히 걷어내고, 적극적인 정치참여로 새로운 대한민국을 만드는 주역이 된다.

아홉 번째, 우리는 정치적 승리를 통해 주사파 척결, 악법 폐지로 적화통일을 막고, 나아가 자유 통일을 이루어 북한 주민을 해방하고 폭발적 경제성장으로 중국을 뛰어넘어 세계 G2 국가로 우뚝 선다.

열 번째, 우리는 자유마을의 성공모델을 만들어 전 세계에 전파함으로써 네오막시즘(동성애 등) 등 변종 공산주의로 죽어가는 나라들에 전파하여 세계 자유민주주의 부활에 기여한다.[46]

이상에서 인용한 두 자료를 검토해 보면, 무엇보다 전광훈은 우익 독재자들인 이승만과 박정희를 절대적으로 신뢰·지지하고 있으며 자유민주주의를 절대 가치로 신봉한다. 같은 맥락에서 한미 동맹을 강력히

---

[46] https://jayuvillage.com/contents/declares. (2025. 8. 26. 접속)

옹호하고 주사파 척결과 북한 해방을 추구하면서, 정교분리와 동성애는 강력히 반대한다. 하지만 자유민주주의를 절대적 가치로 신봉하면서, 민주주의를 스스로 파괴하여 4.19혁명으로 하야한 이승만과 국민의 민주화 요구를 묵살하고 파시즘적 유신체제를 폭력적으로 강요했던 박정희를 추앙하는 치명적인 모순도 보였다. 그뿐만 아니라 동성애를 네오마르크시즘과 변종 공산주의와 동일시하는 심각한 무지도 노출했다. 또한 윤석열의 반헌법적 비상계엄을 맹목적으로 지지하고 그의 탄핵을 폭력적으로 방해함으로써 스스로 자유민주주의를 부정했다. 또한 소위 목사와 기독교인들이 주축이 되었지만, 오직 정치적 구호와 이념적 주장만 난무할 뿐, 자신들의 구호와 주장에 대한 신학적 근거와 신앙적 고백은 찾아볼 수 없다.

2) 특징

한국 개신교 내의 극우적 특성은 오랫동안 언론과 학계의 관심 대상이었다. 전광훈과 태극기부대는 그런 관심을 폭발적으로 증가시켰다. 이제 그들이 주목하는 특징들을 살펴보자.

먼저 전광훈과 태극기부대의 집회에는 태극기, 성조기, 이스라엘기가 함께 등장한다. 이런 다양한 국기들은 전광훈 세력의 정치적, 신학적 본질을 상징한다. 태극기는 남한 단독정부 수립 이후 "국가주의와 반공을 결합시키는 의미의 상징물로 활용"되었고, 성조기는 러일전쟁(1903-1904)

이후 "동맹 혹은 혈맹의 기호를 넘어서 구원자의 기호임을 시사"했으며, 2017년부터 우파 집회에 등장하기 시작한 이스라엘기는 "가짜" 이스라엘과 구별되는 "진짜" 이스라엘로서 "선민주의적 의미를 작동"시킨다.47

둘째, 한국 극우의 대표적 슬로건은 '냉전주의'와 '반공주의'다. 근본주의적 성향의 극우 개신교인들은 이런 전통적 이념을 수용하면서 반노조, 반페미니즘, 반동성애, 반이슬람, 반이민주의 등을 추가했다. 최근에는 반중국적 정서까지 추가하면서 극우주의가 '반민주주의'로 진화하고 있다. 한국 극우주의에서 발견할 수 있는 종말론적 파토스와 파국의 서사는 다분히 기독교 복음주의와 조응하는 증상이다. 반이민주의와 반이슬람 그리고 동성애주의와 반페미니즘은 과거 반공주의와 결합한 중국 혐오의 수사학으로 표출되는 차원에 머물지 않고 이제 구체적으로 반민주주의로 발전했다.48

셋째, 전통 미디어(레거시 미디어) 대신 유튜브를 적극 활용하고 있다. 전광훈 자신이 유튜브 채널("전광훈TV")을 운영하고 있을 뿐 아니라 그를 추종하거나 적극 협력하는 사람들 중에는 다양한 규모의 극우 유튜버들이 존재한다. 이들의 유튜브 방송은 스마트폰 보급 이후 노인층에 광범위한

---

47 김진호, "'태극기 집회'와 개신교 우파," 87-90. 특히 이스라엘기와 극우의 관련성에 대한 설명으로 이택광, "한국 극우주의의 원초적 신화,"「기독교사상」통권 제796호 (2025. 4.): 27-32; 성조기와 극우의 관계에 대한 보다 상세한 설명은 강인철, "한국 개신교와 보수적 시민운동," 18-21; 태극기와 극우와 관계에 대해서는 홍승표,『태극기와 한국교회』(서울: 이야기BOOKS, 2022), 369-382.
48 이택광, "한국 극우주의의 원초적 신화," 31.

영향을 끼쳤고, 진보 정권과 페미니즘에 분노한 2030 남성들을 전광훈과 접촉하게 하는 결정적 매체로 기능했다.[49] 이들은 윤석열에게도 결정적인 영향을 끼쳤다.[50]

넷째, 전광훈은 '광화문'을 자신의 활동을 위한 상징적 공간으로 확보했다. 전광훈은 2018년부터 광화문을 자신의 "고정 무대로 활용"하면서 황교안, 윤상현 같은 유력 극우 정치인들을 포함한 "거대한 대중"을 동원했고, "극우나 보수 진영의 주장과 의제들을 블랙홀처럼 흡수"했다. 이것을 서명삼 교수(서강대 종교학과)는 "광화문을 플랫폼화한 것"이라고 명명했다. 최근에도 전광훈은 "하나님이 촛대를 광화문에 세워 놨다"며 광화문의 중요성을 강조했다.[51]

다섯째, 전광훈 세력은 재정과 조직 면에서 독립적 기반을 마련했다. '한국자유총연맹'과 '바르게살기운동협의회' 같은 극우적 관변단체들은 보수 정권이나 정당에 재정적으로 의존했다. 따라서 정권이 바뀌면 독자적 목소리를 내기 어려웠다. 하지만 전광훈 세력은 자유통일당, 자유마을, 사랑제일교회, 다양한 사업체들 그리고 기존 교회들의 후원자들을 통해

---

49 극우 세력이 SNS를 주요 수단으로 활용하는 것은 세계적인 현상이다. 이에 대한 구체적 예와 분석은 바버라 F. 월터/유강은 옮김, 『내전은 어떻게 일어나는가』(서울: 열린책들, 2022), 135-164.

50 윤석열의 극우 유튜브 중독은 여권 내에서도 이미 우려의 대상이었다. 그는 자신의 대통령 취임식에 극우 유튜버 30명을 초대했고, 그의 대국민 담화에도 '극우 유튜버 향기'가 진하게 묻어났다. 채윤태, "고성국이 주문하자 윤석열이 대답… 대통령 담화에서 '극우 유튜버' 음모론 물씬," 「한겨레21」 2024. 12. 16.

51 류석우 외, "극우 세력 끌어당기는 전광훈식 '다단계' 선동 정치," 「한겨레」 2025. 2. 7.

막대한 재원과 조직을 마련하고 있다. 그 결과, 보수 정권이나 정당의 눈치를 보지 않고 거침없이 독자적인 목소리나 행동을 지속적으로 표출할 수 있게 되었다.[52]

여섯째, 전광훈 세력은 종교 세력과 정치 세력의 전략적 제휴 관계를 보여준다. 전광훈 자신이 종교인과 정치인이란 이중적 정체성을 지니고 있다. 따라서 그의 집회는 찬송과 기도, "할렐루야"와 "아멘"으로 가득하면서 이승만 박정희 찬양, 자유민주주의 수호와 주사파 척결의 구호가 무성하다. 또한 그의 집회에는 장경동 목사, 김철홍 교수 같은 종교인과 황교안, 윤상현 같은 정치인들이 함께 등장한다.

근래 극우와 개신교의 활약 사이에는 이전보다 더 끈끈한 '화학적' 결합이 보인다. 극우 정치인과 내란 피의자 변호인들 다수가 개신교인이고, 그들 입에서 '성전', '광야', '순교' 등 종교색을 띤 용어가 서슴없이 나온다. 전광훈 목사를 비롯한 종교인들은 광장과 유튜브를 무대로 직접 정치적 발언을 내뱉는다. 전광훈은 윤석열의 계엄 선포가 '하나님이 한국 사회에 주신 선물'이자 '거룩한 사고'라고 말했다. 김철홍 장신대 교수는 윤석열을 '그리스도에 준하는 인물'이라고 칭했다.[53]

---

52 김종성, "전광훈, 어떻게 그는 극우의 아이콘이 됐나,"「오마이뉴스」 2020. 8. 21.
53 이상원, "극우에 순종하라, 전광훈이 구원하리니,"「시사IN」 2025. 2. 17.

V. 전광훈 현상에 대한 평가와 제언

전광훈과 태극기 집회가 교계, 학계 그리고 언론의 집중 조명을 받고 있다. 이들에 대한 다양한 진단과 분석들이 속출하고 있다. 그동안 언론을 통해 발표된 글들에서 제시된 전광훈 현상에 대한 평가와 제언들을 정리하면 다음과 같다.

1. 평가

첫째, "이 시대에 먹혀들어 가는 전략이다." 구교형 목사(한국복음주의교회협의회 공동대표)는 전광훈이 아무 생각 없이 활동하는 것이 아니라 이 시대에 먹혀들어 가는 전략을 적절하게 구사한다고 평가한다. 즉, 세상과 교회의 변화를 나름대로 민감하게 감지하고 기존 사회와 교회에서 소외된 사람들의 불만과 불안, 요구 사항 등에 적절히 반응함으로써 인력과 자금을 성공적으로 동원하고 있다는 것이다.

1960~70년대 부흥회나 구복 신앙은 가난하고 병든 이들에게 재물, 치유를 약속했다. 이제 그런 사람은 줄었다. 대신 이제는 공론장에서 소외되어 있다고 느끼는 노인, 경제적으로 어려운 청년층이 있다. 정치적 의도를 지니고 이들을 극우적 사상으로 이끄는 작업을 전광훈은 하고 있는 것이다.[54]

둘째, "우려되는 것은 테러리즘이다." 김진호 이사(제3그리스도교연구소)는 전광훈에게 남은 선택지가 극우뿐이기에, 온라인의 극우 청년들이 그와 연결되면 일부는 테러리스트가 될 가능성이 있다고 우려한다. 특히 현재 한국 상황에서 극우가 정치적으로 성공할 가능성은 크지 않지만, 테러리즘의 발생 가능성은 여전하다고 주장한다. "해서 극우는 여전히 우리를 불안하게 한다"는 것이 김진호의 판단이다.[55]

셋째, "교회의 지속 가능성에 부정적 영향을 끼치는 구조적인 문제다." 이정훈(「에큐메니안」 기자)의 판단에 따르면, 최근 일부 개신교 세력이 극우적 성향을 보이는 것은 "신앙적 공동체로서의 기능을 약화"시키고, "정치적 도구로 전락시키는 위험"을 내포하며, "교회의 공공성과 중립성을 훼손"한다. 동시에 "신도들의 신앙생활에 혼란을 초래"하고, "교회 내 분열을 야기"하며, 결국 "교회의 신뢰도 하락과 젊은 세대의 이탈"로 이어져서 "교회의 지속 가능성에 부정적 영향"을 끼치고 있다. 따라서 "이처럼 한국 개신교의 극우화는 단순히 일부 목회자나 교회의 일탈로 치부될 수 없는 구조적인 문제다"라는 것이 이정훈의 최종 평가다.[56]

넷째, "정치적 이단의 전형적인 행태이다." 허호익 교수(전 대전신대)는 헌법재판소의 대통령 탄핵 결정을 인정하지 않고, 대신 윤석열의 비상계

---

54 앞의 글.
55 김진호, "한국 극우 개신교: 다섯 가지 대이동과 세 번의 대전환," 「슬로우뉴스」 2025. 4. 23.
56 이정훈, "한국 극구 개신교, 결국 정치 권력 획득인가," 「에큐메니안」 2025. 2. 20.

엄을 계속 옹호하며 경쟁 관계에 있는 정당을 부정하고 공격하는 전광훈 세력을 "정치적 이단들의 전형적인 형태", "사회의 암적 존재"로 규정한다. 그러면서 "목사가 종교적 신념으로 무장해서 '정치적 이단에 빠지는 것은 더더욱 위험하다"고 경고한다.

> 헌법기관을 통한 법치주의를 부정하고, 정치적 입장이 다른 반대당을 파트너나 라이벌로 여기지 않고 주적(enemy)으로 여겨 정적을 사적 린치를 통해 제거하려는 것은 정치적 정도를 벗어난 정치적 이단들의 전형적인 행태이다. 이러한 정치적 이단은 종교적 이단 이상으로 사회의 암적 존재다.[57]

다섯째, "한국의 극우는 서구의 극우와 다르다." 이재묵 교수(한국외대 정치외교학과)는 반이민, 인종주의적 색채가 강한 서구의 극우와 차이가 있다고 지적한다. 하지만 현재 "국민의힘 일각, 탄핵 반대 집회 등에서 반중 혐오 등을 얘기하지 않나. 한국적 맥락에서 보면 그런 쪽(서구권의 극우)으로 발전할 여지도 있다"라고 예측한다.[58] 김장민 연구위원(정치경제학연구소)도 "전쟁과 난민에 시달리는 유럽이나 백인 노동자의 불만으로 시작된 미국의 극우화 현상"과 "친미 세력, 친일 세력, 기독교 세력의

---

57 허호익, "종교적 신념으로 정적을 제거하려는 정치적 이단," 「에큐메니안」 2025. 2. 11.
58 문광호, "'극우화 신호' 4가지, 국민의힘에 보인다," 「경향신문」 2025. 2. 9.

연합"인 한국의 극우 사이의 차이에 주목한다. 하지만 "이들은 이미 국민의힘의 지지 토대이므로 별도의 정치 세력화의 원동력이 되기 힘들다"며 미래를 부정적으로 전망한다.[59]

여섯째, "오만하게 군림하는 종교 권력이다." 강인철 교수(한신대)는 개신교로 대표되는 한국의 거대 종교들이 정치적 영향력을 동원하여 "자신만의 편협한 제도적 이익을 추구"하거나 "종교적 우위를 점하기 위해 타 종교를 공격"하는 행태는 "종교적 집단이기주의"란 비난에 직면할 것이라고 진단한다. 이어서 양심적 병역 거부나 동성애 문제처럼 사회적 소수자들의 인권 보호 차원에서 사회적으로 공론화할 문제나 "대다수 시민이 사적이고 개인적인 선택의 윤리로 간주하는 문제"를 "정치적, 공적 쟁점으로 발전"시키거나 "힘을 동원해서 공적 윤리로 시민사회에 강요"할 때, "거대 종교는 시민사회 '위에서' 오만하게 군림하는 권력 집단이라는 이미지를 얻게 될 가능성"이 높다고 예측한다. 직접적으로 전광훈 세력을 언급하지 않지만, 그들에게 직접 적용할 수 있는 이론적 서술이다.[60]

---

59 김장민, "실패가 정해진 극우 파시즘," 「민플러스」 2025. 4. 11.
60 강인철, "한국사회와 종교권력: 비교역사적 접근," 「역사비평」 77 (2006. 11.), 145.

2. 제언

첫째, 한국교회는 극우 세력과 속히 관계를 단절해야 한다. 현재 한국 개신교가 당면한 급선무 중 하나는 전광훈으로 대표되는 개신교 극우 세력과 관계를 단절하는 것이라는 제안이 쏟아지고 있다. 신학적 차원에서 신성모독적 망언들과 불법 비상계엄을 맹목적으로 옹호하며 근거 없는 음모론에 근거한 가짜뉴스를 악의적으로 유포함으로써 국가와 교회에 끼치는 해악이 막심하기 때문이다. 하창원 목사(부산 맑은물교회)는 "지금 한국교회는 제2의 종교개혁이 필요한 상황인데, 그러려면 극단적인 극우 집단과 단절해야 한다"고 명확히 선을 그었다.61 김상근 목사(전 KBS 이사장)는 "기독교인들부터 전광훈 씨를 목사라고 부르지 말자. 혐오와 차별, 반지성과 반역사성으로 오염되고 타락한 집단은 이미 기독교가 아니다"라고 목소리를 높였으며,62 허호익 교수도 "이제라도 한국기독교교회협의회(NCCK) 아홉 개 교단은 책임을 통감하고 전광훈에 관한 이단 결의를 조속히 해야 한다"고 강력한 제재를 요청했다.63

둘째, 현 상황에 대한 객관적인 사실 규명이 필요하다. 전광훈과 태극기 집회가 사회적, 교회적 갈등의 원인으로 우려와 비판의 대상이 되었음에도, 그들의 실체에 대한 대중적 인식 수준은 별로 높지 않다.

---

61 손효숙, "극우집회하는 전광훈·손현보 기독교 아니다,"「한국일보」2025. 3. 7.
62 신비롬, "극우 개신교에 자성의 목소리 내는 목사들,"「쩌날리즘」2025. 3. 6.
63 허호익, "법원 폭동과 2차 계엄 선동한 전광훈 처벌해야 한다,"「에큐메니안」2025. 1. 31.

특히 잘못된 정보와 거짓 선동에 이미 현혹되었거나 그럴 위험에 처한 사람들이 적지 않다. 이런 현실을 극복하기 위한 대안으로서, 무엇보다 그들의 실체를 정확히 파악하여 세상에 널리 알리는 작업이 필요하다는 목소리도 존재한다. 김진호 목사는 "테러를 저지른 이들의 일상을 프로파일링하고 극단주의자들의 실체를 알리는 게 필요하다"[64]고 제안했으며, 서명삼 교수(서강대 종교학과)도 "탄핵 심판이 진행되는 상황에서 정치적 이해관계에 따라 사실 관계를 왜곡하거나 재구성하는 일이 자주 발생"하고 있으므로 "진실과 화해로 나아가는 첫걸음은 기본적인 사실 관계를 차분히 짚어보는 것에서 시작된다"고 조언했다.[65] 무지개행동·차별금지법제정연대가 발간한 『극우리포트』는 "극우 세력화의 흐름과 전략을 정확히 이해하고 대응하지 않는다면, 성소수자를 비롯한 사회적 소수자의 권리뿐만 아니라 자유와 평등이라는 민주주의의 근간은 끊임없이 위협받게 될 것이다"라고 준엄하게 경고했다.[66]

셋째, 목회자들이 예언자적 사명을 담당해야 한다. 윤석열의 불법 비상계엄이 선포되고 전광훈 세력이 그의 행동을 맹목적으로 옹호할 때, 세상과 교회는 대형 교회 목사들의 설교에 주목했다. 하지만 그들의 양비론적 입장이나 침묵, 심지어 동의와 지지는 성소수자 차별금지법을 반대하고 불법 이민자 추방을 공약한 트럼프 대통령 앞에서 그의 공약이

---

64 김태연 외, "종교 정치 뒤섞인 선동," 「한국일보」 2025. 2. 21.
65 이새은, "전광훈 뿌리는 K-은사주의?," 「데일리굿뉴스」 2025. 2. 27.
66 신동욱, "정치인들은 어쩌다 전광훈에게 고개 숙이게 됐을까?," 「한겨레」 2025. 3. 20.

"성서의 자비를 베풀라는 가르침에 위배된다"고 설교한 마리앤 버드 주교(Mariann Edgar Budde, 성공회 워싱턴 주교)와 비교되면서 많은 이들에게 실망과 충격을 안겨주었다.67 이런 맥락에서 허호익 교수는 "목사라면 무엇이 나라와 민족의 장래를 위해서 무엇이 옳은 일인지 예언자적 말씀을 선포해야 한다"고 제안했다.68 이정훈 기자(「에큐메니안」)는 현재 한국교회에 필요한 것은 "복음의 공공성 회복"이며, "이는 설교단에서 극우적 정치 이념의 확성기가 되기를 거부하는 목회자들의 신학적 용기에서 시작된다"고 강하게 요청했다.69

넷째, 극우 세력에 대응할 구체적 대안 세력이 필요하다. 앞에서 살펴본 것처럼 전광훈과 태극기 집회는 정당, 교회, 유튜브 채널, 대중조직, 사업체 등 다양한 조직과 인력, 자금을 확보하여 전방위적으로 자신들의 영향력을 확장하고 있다. 이에 비해 이들의 활동과 영향력에 대응할 반대편의 구체적이고 효과적인 대응 조직이나 전략은 거의 부재한 것 같다. 이런 상황에서 '노동자 연대'의 김인식은 이탈리아에서 파시즘에 대응하기 위해 출현했던 '아르디티 델 포폴로'(Arditi del Popolo) 같은 조직의 필요성을 제기한다. "파시즘의 배아들이 시나브로 자라나고 있다. 그들을 저지할 담대한 방패를 만들어야 한다. 무솔리니 부상기에 조직된

---

67 버드 주교의 설교 전문은 "'대통령님, 이민자와 약자에게 자비를 베풀어 주십시오' 버드 주교 설교 전문," 「뉴스앤조이」 2025. 1. 24.
68 허호익, "중립적 양비론은 죄악이다," 「에큐메니안」 2025. 1. 26.
69 이정훈, "한국교회 극우화, 청년이 떠났다," 「에큐메니안」 2025. 6. 26.

'아르디티 델 포폴로'('국민의 대담한 사람들'이라는 뜻) 같은 극우 반대 그룹들을 말이다."[70]

다섯째, 공적 신학과 목회에 대한 논의가 절실히 요청된다. 현재 전광훈과 태극기 집회에서 선포되는 설교, 정치적 담론 그리고 집단적 행동에서 우리는 신학과 정치에 대한 무지, 왜곡된 정보, 뒤틀린 관점 등을 쉽게 발견할 수 있다. 시대착오적인 근본주의 신학이 한국의 복잡하고 특수한 역사와 기형적으로 결합하면서 성경의 본질에서 벗어난 차별적 시각, 배타적 태도, 폭력적 행동이 여과 없이 표출되고 있다. 이런 현실에 대한 근원적 해법으로 기독교 신학의 본질을 회복해야 한다는 다수의 의견이 존재한다.

> 보수 신학과 극우 신학이 동일시되지 않도록 '건강한 보수 신학'의 회복이 필요하다. 에큐메니칼 진영이 극우 개신교의 신학적 오류를 지적하고 대안적 개신교 담론을 제시해야 한다. 특히 사회적 공공성을 강조하는 신학적 흐름을 강화하고, 한국교회 내에서 민주적이고 포용적인 신학을 확산해야 한다.[71]

---

[70] 김인식, "한국의 극우, 왜 떠오르고 있고 어떻게 막아야 하나," 「노동자 연대」 2025. 3. 11. '아르디티 델 포폴로'는 무솔리니의 국가 파시스트당과 검은 셔츠단의 폭력에 맞서 1921년 6월 말에 조직된 최초의 전투적 반파시스트 그룹이며, 혁명적 노조 운동가, 사회주의자, 공산주의자, 아나키스트, 공화주의자, 전(前) 군 장교 등으로 구성되었다.

[71] 이정훈, "한국 극우 개신교, 하늘에서 갑자기 떨어진 것이 아니다," 「에큐메니안」 2025. 2. 26.

여섯째, 원인에 주목하여 대안을 찾아야 한다. 전광훈과 태극기 집회의 광풍을 분석한 이들 중 많은 수가 이들에 대한 비판과 단절을 넘어 참여자들의 현실을 이해하고 구조적 해법을 마련해야 한다고 제안한다. 즉, 이 세력의 주된 구성원은 신자유주의 경쟁 시스템에서 탈락한 노인들과 2030 남성들이며, 이들의 약점을 전광훈이 돈과 선동으로 파고들고 있다. 따라서 이들의 현실적인 고통에 주목하면서 포괄적이고 구체적인 대안 마련에 집중해야 한다는 것이다. 이상철 원장(크리스챤아카데미)은 "사실 광화문에 나온 노인들은 대부분 상처 입은 소외자들이다. 크리스천인 우리가 여기서 눈여겨보아야 할 것은 그들의 반지성주의와 극우적 성향이 아니라 그들이 광장으로 나오기까지 아무도 노인들의 목소리와 문제에 귀 기울이지 않았다는 데 있다"며, 문제의 보다 심층적 원인들에 주목했다.72 이진구 박사(전 한국종교문화연구소 소장)는 "신자유주의의 경쟁 시스템과 거기서 파생되는 고통과 절망의 문제를 극복할 수 있는 대안적 시스템을 시민사회적 차원에서 모색해야 할 것이다"라고 제안했다.73 한미애도 "혐오의 확산을 방지하고 극우적 이념에 대응하기 위해선 법적, 교육적, 사회적 대응이 긴급히 이루어져야 한다"고 목소리를 보탰다.74

---

72 이상철, "한국 개신교는 진정 극우적인가?," 27.
73 이진구, "종교권력으로서의 개신교,"「황해문화」(2028, 여름), 68.
74 한미애, "극우주의와 혐오," 17.

VI. 글을 마치며

이상에서 전광훈과 태극기 집회의 실체를 다각도로 살펴보았다. 이들은 어느새 한국 극우 세력의 중심으로 부상하여 한국 사회와 교회에서 심각한 분열과 갈등의 원인으로 작용하고 있다. 그 결과, 이들에 대한 관심과 우려가 급증하고 있지만, 이에 대한 뚜렷한 대책이나 대안은 아직까지 마련되지 못하고 있다. 따라서 전광훈 세력에 대한 학계의 치밀한 연구과 교계의 적절한 대응이 절실히 요구된다. 이런 상황에서, 이상의 논의를 정리하고 이에 대한 개인적 소견을 간략히 언급하면서 글을 마무리하고자 한다.

첫째, 전광훈과 태극기 집회는 해방 이후 출현·발전해 온 극우 세력과 개신교 간 유착 관계의 최신 버전이다. 따라서 전광훈 세력은 반공과 친미 같은 극우의 전통적 특징을 계승하지만, 최근에 발생한 쟁점들(반동성애, 반이슬람 등)을 적극 수용하여, 기존의 극우 세력과 분명한 차이도 보인다. 이런 특징은 집회에 태극기, 성조기, 이스라엘기가 함께 등장하는 것에서 확인할 수 있다.

둘째, 전광훈 세력은 기존의 우익들 중에서 진보 정권의 출현과 교회 내부 모순의 폭발을 경험하면서 형성된 불안과 공포에 근거하여 출현한 '극우적 병리 현상'이다. 한국의 우익은 해방 이후 김대중 정권 출현 전까지 독점적 지위를 향유했다. 정부와의 유착 관계 속에서 경이적인 양적 성장을 경험하며 한국 사회 내의 중앙과 정상을 차지한 것이다.

하지만 진보 정권 출현 이후 사회적 비난과 내부의 이탈 및 개혁 요구에 직면하자, 일부 극우 세력이 전광훈과 합류하여 현재의 극단적 상황에 이른 것으로 보인다.

셋째, 전광훈 세력은 기존의 극우 단체들과 달리 다양한 계층, 연령, 지역 사람들로 구성되었으며, 정당, 교회, 사업체, 대중조직 등을 포함한 나름의 생태계를 형성했다. 이를 통해 우익 정당과 대형 교회 등과도 연결되어 나름의 튼튼한 인맥과 자금, 영향력을 확보했다. 따라서 생각보다 오랫동안 생존하면서 영향력이 지속될 것으로 보인다.

넷째, 전광훈 세력은 주사파 척결과 자유민주주의 체제 수호를 가장 중요한 목표와 가치로 삼는다. 하지만 이들은 반헌법적 비상계엄을 선포한 윤석열을 맹목적으로 지지했고, 그의 탄핵에 강력히 반대했으며, 그에 대한 영장 집행에 폭력적으로 저항했다. 동시에 수차례 법을 어겨 고발과 구속을 반복했고, 근거 없는 가짜뉴스와 음모론을 유포하여 민주주의를 악용하고 그 토대를 위협했다. 심지어 전광훈은 자기 맘에 들지 않는다고 조직원들에게 공개적으로 '원산폭격'을 명령했다. 그 결과, 주사파 척결과 자유민주주의 수호를 강변하지만, 자유민주주의를 온몸으로 거부하고 가장 북한과 유사한 조직과 문화를 유지하고 있다.

다섯째, 전광훈과 태극기 집회는 분명히 기독교 예배의 틀을 유지하지만, 그 실체는 신성모독적 광신주의, 종교의 가면을 쓴 정치 집회, 근본주의와 극우주의가 혼합된 신종교 현상임에 틀림없다. 반면 한국 사회 주류는 선진적 민주주의, 최첨단 K-문화, 개방적 다원사회, 4차 혁명

시대에 진입했다. 이런 환경에서 한국교회는 전광훈 세력과 빠르고 철저히 결별해야 한다. 이 결별에 실패하면, 공멸할 뿐이다.

    끝으로 비상계엄과 전광훈 세력의 출현은 한국 사회와 교회에게 불행 중 다행이다. 전광훈 세력의 퇴폐적 극우주의가 한국의 민주주의를 왜곡하고 한국교회에 '극우'란 오명을 씌움으로써 교회 안에 분열과 갈등을 조장했으며, 그로 인해 한국교회의 선교, 성장, 사회적 영향력에 치명적인 영향을 끼쳤으니 지극한 불행이다. 동시에 이들의 기이한 행적을 목격한 시민들이 그들과 거리를 유지하면서 민주주의의 본질에 대해 진지하게 성찰하게 되었고, 동시에 교회 안에서 극우 개신교의 실체를 뼈저리게 경험한 신자들이 그들과 명확히 선을 긋고 한국교회의 개혁과 회복을 위한 다양한 운동에 동참하기 시작했으니 참으로 다행이다. 앞으로 갈 길은 멀고 험하지만, 전화위복의 기회가 주어졌다.

참고문헌

한국 정치와 한국 개신교 _ 백종국

강인철. "한국 개신교와 보수적 시민운동: 개신교 우파의 극우·혐오정치를 중심으로."「인문학연구」 33 (2020): 3-30.
김진호.『극우주의와 기독교』. 서울: 홀가분, 2022.
박성철.『종교 중독과 기독교 파시즘』. 서울: 새물결플러스, 2020.
배덕만 외.『태극기를 흔드는 그리스도인』. 서울: IVP, 2021.
백종국.『바벨론에 사로잡힌 교회』. 서울: 뉴스앤조이, 2003.
_____.『한국 자본주의의 선택』. 서울: 한길사, 2009.
_____. "수입학문의 토착화 딜레마와 해결방안."「한국정치학회보」 50-1 (2016): 5-21.
성정엽. "헌법의 정교분리원칙의 의미."「법학논고」 70 (2020): 1-26.
스토트, 존/김현희 옮김.『복음주의의 기본진리』. 서울: IVP, 2002.
이찬수 외.『종교 근본주의』. 서울: 모시는 사람들, 2011.
Fox, J. and S. Sandler. "Separation of Religion and State in the Twenty-First East and Western Democracies." *Comparative Politics* vol. 37, no. 3 (2005): 317-335.

사랑인가 혐오인가 _ 김상덕

강인철. "한국 개신교와 보수적 시민운동: 개신교 우파의 극우·혐오정치를 중심으로."「인문학연구」 33 (2020): 3-30.
김상덕. "코로나19 팬데믹과 공공성, 그리고 한국교회."「신학과 실천」 76 (2021):

787-817.

_____. "유기적 공동체 모델로서 공공신학 연구 — 성남 하모니포씨티 사례를 중심으로."「신학과 실천」89 (2024): 763-789.

_____. "공감의 두 얼굴, 그리고 종교 — 공감에 관한 신경인문학적 성찰과 종교의 역할."「신학사상」207 (2024): 286-287.

_____. "혐오는 어떻게 몸을 이루는가 — 집단 혐오에 관한 신경인문학적 성찰과 체화된 사랑으로서 성육신에 관한 고찰."「신학사상」209 (2025): 107-148.

김창환.『공공신학과 교회』. 서울: 대한기독교서회, 2021.

박진규.『미디어, 종교로 상상하다』. 서울: 컬처룩, 2024.

박충구.『종교의 두 얼굴』. 서울: 홍성사, 2013.

성석환.『공공신학과 한국 사회』. 서울: 새물결플러스, 2019.

신기욱/이진준 옮김.『한국 민족주의 계보와 정치』. 파주: 창비, 2009.

임성빈 외/기독교윤리실천운동 엮음.『공공신학』. 서울: 예영커뮤니케이션, 2009.

장대익.『공감의 반경』. 서울: 바다출판사, 2022.

최종원.『교회, 경계를 걷는 공동체』. 서울: 비아토르, 2024.

Augustine. *Confessions and Enchiridion*. Trans. Albert C. Outler. Grand Rapids, MI: Christian Classics Ethereal Library, 2006.

Bloom, Paul. *Against Empathy*. 이은진 역.『공감의 배신』. 서울: 시공사, 2019.

De Vaal, Frans. *The Age of Empathy*. 최재천 역.『공감의 시대』. 파주: 김영사, 2017.

Fraser, Nancy and Axel Honneth. *Redistribution or Recognition?*. 김원식·문성훈 역.『분배냐 인정이냐?』. 고양: 사월의책, 2014.

Graham, Elaine. *Between a Rock and a Hard Place*. 박세혁 역.『종교성과 세속주의 사이』. 서울: 비아토르, 2025.

Marshall, Ellen Ott. *Christians in the Public Square*. 대장간 편집실 역.『광장에 선 그리스도인』. 대전: 대장간, 2010.

Mouw, Richard. *Uncommon Decency*. 홍병룡 역.『무례한 기독교』. 서울: IVP, 2014.

_____. *Restless Faith*. 김준재 역.『흔들리는 신앙』. 서울: SFC출판부, 2021.

Niebuhr, Richard. *Christ and Culture*. 김재준 역.『그리스도와 문화』. 서울: 대한기독교서회, 1958; 2005.

Olsen, Joshua. *Better Places, Better Lives: A Biography of James Rouse*. Washington, DC: The Urban Land Institute, 2003.

Tompson, David. *Everyday Theology*. Ed. Vanhoozer. 윤석인 역. "통합의 높은 대가."『문화신학』. 서울: 부흥과개혁사, 2009.

Volf, Miroslav. *Embrace and Exclusion*. 박세혁 역.『배제와 포용』. 서울: IVP, 2021.

_____. *The End of Memory*. 홍종락 역.『기억의 종말』. 서울: IVP, 2022.

젠더 갈라치기, '현상'인가 '전략'인가 _ 백소영

권창규. "무지개 색깔동지들의 기억 투쟁."「문화과학」121 (2025): 133-149.

김영옥. "여성주의 관점에서 본 촛불집회와 여성의 정치적 주체성."「아시아여성연구」48 (2009): 7-34.

김창환. "청년 남성은 왜 보수화되었나 [김창환 캔자스대 교수 분석]."「시사IN」2025. 7. 17. https://www.sisain.co.kr/news/articleView.html?idxno=56040.

김학준.『보통 일베들의 시대: '혐오의 자유'는 어디서 시작되는가』. 파주: 오월의봄, 2022.

박기성. "세계적 우경화 및 극우화 현상, 그 현실과 배경."「기독교사상」796 (2025): 11-22.

백소영.『페미니즘과 기독교의 맥락들』. 서울: 뉴스앤조이, 2018.

_____. "젠더 갈등의 '선택적 혼종성' 양상에 대한 신학 윤리적 제언."「기독교사회윤리」43 (2019): 123-151.

손희정. "페미니즘 리부트, 새로운 여성 주체의 등장: 2000년대 중반부터 현재까지."『대한민국 넷페미사』. 서울: 나무연필, 2017.

이리예. "쨀의 시대, 안티페미니즘으로 공모하는 루저 남성 정서와 정치 언어."『폭주하는 남성성』. 서울: 동녘, 2025.

정고은. "'훼걸'과 '말벌': 초대장에 응답·연대하는 방식."「문화과학」121 (2025):

116-132.

중앙선거관리위원회. "제18대 대통령선거 투표율 분석." 2013. 2. 18. https://www.nec.go.kr/site/nec/ex/bbs/View.do?cbIdx=1129&bcIdx=14338.

천관율·정한울. 『20대 남자, 남성 마이너리티 자의식의 탄생』. 서울: 시사IN북, 2019.

체임벌린, 푸루던스/김은주·강은교·김상애·허주영 옮김. 『제4물결 페미니즘: 정동적 시간성』. 성남: 에디투스, 2021.

추지현. "폭력의 연속선과 남성성'들'." 『폭주하는 남성성』. 파주: 동녘, 2025.

한윤형. "극우화된 청년 남성인가, 청년 남성의 극우화인가: 서부지법 폭동에 놀란 기성세대를 위한 지형도 설명." 「기독교사상」 796 (2025): 34-50.

전광훈과 태극기 집회 _ 배덕만

강인철. "한국사회와 종교권력: 비교역사적 접근." 「역사비평」 77 (2006. 11.).

_____. "한국 개신교와 보수적 시민운동." 「인문학연구」 33 (2020. 6.).

강한들. "'극우추적단'이 떴다… 극우 폭력·허위사실 막고 '유튜브 수익'도 차단." 「경향신문」 2025. 3. 5.

고영미. "'헌법 위에 국민저항권 있다'는 전광훈, '내란 법원폭동 배후'로 지목… 기독교도 '배후는 전광훈'." 「폴리뉴스」 2025. 1. 21.

곽성규. "300만 애국시민들, '국민저항권' 발동으로 '尹 영장심사'에 맞서다." 「자유일보」 2025. 1. 18.

권지연. "빅브라더 전광훈'의 13개 사업장." 「민들레」 2025. 2. 13.

김인식. "한국의 극우, 왜 떠오르고 있고 어떻게 막아야 하나." 「노동자 연대」 2025. 3. 11.

김장민. "실패가 정해진 극우 파시즘." 「민플러스」 2025. 4. 11.

김정호. "'대통령은 간첩' 전광훈 목사, 이번엔 '성경 속 여성은 창녀'." 「한경」 2021. 3. 4.

김종성. "전광훈, 어떻게 그는 극우의 아이콘이 됐나." 「오마이뉴스」 2020. 8. 21.

김종희. "빤스 목사님과 꼴뚜기 왕자님." 「뉴스앤조이」 2008. 1. 3.

김진호. "'태극기 집회'와 개신교 우파." 「황해문화」 (2017, 여름).
_____. "한국 극우 개신교: 다섯 가지 대이동과 세 번의 대전환." 「슬로우뉴스」 2025. 4. 23.
김태연 외. "종교 정치 뒤섞인 선동." 「한국일보」 2025. 2. 21.
류석우. "전광훈 피라미드." 「한겨레21」 2025. 2. 7.
류석우 외. "극우 세력 끌어당기는 전광훈식 '다단계' 선동 정치." 「한계레」 2025. 2. 7.
무데, 카스/권은하 옮김. 『혐오와 차별은 어떻게 정치가 되는가: 열 가지 키워드로 읽는 21세기 극우의 현장』. 서울: 위즈덤하우스, 2021.
문광호. "'극우화 신호' 4가지, 국민의힘에 보인다." 「경향신문」 2025. 2. 9.
박선교. "개신교 극우주의에 대한 본회퍼 신학의 응답." 「가톨릭뉴스 지금여기」 2025. 6. 25.
박소영. "홍준표, 이번엔 전광훈 거론… '야당, 유사 종교 집단서 탈출해야 산다'." 「한국일보」 2025. 7. 29.
박주연. "전광훈 손현보 파워게임." 「경향신문」 2025. 2. 19.
성한용. "윤석열·전광훈이 이끄는 극우정당, 국힘 하기에 달렸다." 「한겨레」 2025. 2. 2.
손효숙. "극우집회하는 정광훈·손현보 기독교 아니다." 「한국일보」 2025. 3. 7.
송주열. "그리스도인모임, '법원 폭동과 2차 계엄 선동한 전광훈 목사 처벌해야'." 「CBS노컷뉴스」 2025. 1. 31.
수현. "복음의 탈을 쓴 극우정치, 전광훈의 출마선언이 불길한 이유." 「여성신문」 2025. 5. 15.
시사IN 편집국. 『다시 만난 민주주의: 12.3 비상계엄에서 파면까지, 광장의 빛으로 다시 쓴 역사』. 서울: 아를, 2025.
신다은. "전광훈 부정선거 출발은 '자유통일당이 0석일 리 없어'." 「한겨레21」 2025. 2. 7.
신동욱. "정치인들은 어쩌다 전광훈에게 고개 숙이게 됐을까?" 「한겨레」 2025. 3. 20.

신비롬. "전광훈, 그는 누구인가?."「쩌날리즘」 2008. 2. 7.
_____. "윤석열 대통령 비상계엄령 선포에 전광훈 '만세.'"「쩌날리즘」 2024. 12. 4.
_____. "극우 개신교에 자성의 목소리 내는 목사들."「쩌날리즘」 2025. 3. 6.
안치용. "손현보와 전광훈 말고 보이는 목사가 없다."「르몽드 디플로마티크」 2025. 3. 24.
양정진. "'서부지법 주소 띄워. … 폭동 배후 지목된 전광훈 출국금지."「JTBC뉴스」 2025. 8. 8.
월터, 바버라 F./유강은 옮김.『내전은 어떻게 일어나는가』. 서울: 열린책들, 2022.
이명선. "전광훈 목사 '하나님 까불면 나한테 죽어' 발언 논란."「프레시안」 2019. 12. 9.
이상원. "극우에 순종하라, 전광훈이 구원하리니."「시사IN」 2025. 2. 17.
이새은. "전광훈 뿌리는 K-은사주의?."「데일리굿뉴스」 2025. 2. 27.
이정훈. "한국 극구 개신교, 결국 정치 권력 획득인가."「에큐메니안」 2025. 2. 20.
_____. "한국 극우 개신교, 하늘에서 갑자기 떨어진 것이 아니다."「에큐메니안」 2025. 2. 26.
_____. "한국교회 극우화, 청년이 떠났다."「에큐메니안」 2025. 6. 26.
이진구. "종교권력으로서의 개신교."「황해문화」 (2028, 여름).
이택광. "한국 극우주의의 원초적 신화."「기독교사상」 통권 제796호 (2025. 4.).
조현. "전광훈은 어떻게 개신교계 리더로 군림했을까?."「한겨레」 2020. 9. 1.
채윤태. "고성국이 주문하자 윤석열이 대답… 대통령 담화에서 '극우 유튜버' 음모론 불씬."「한겨레21」 2024. 12. 16.
한미애. "극우주의와 혐오."「복지동향」 318 (2025. 4.).
한지숙. "한기독교장로회 '전광훈 내란은 선전·선동 핵심인물, 참회하고 책임지라.'"「헤럴드경제」 2025. 1. 20.
허호익. "중립적 양비론은 죄악이다."「에큐메니안」 2025. 1. 26.
_____. "법원 폭동과 2차 계엄 선동한 전광훈 처벌해야 한다."「에큐메니안」 2025. 1. 31.

_____. "종교적 신념으로 정적을 제거하려는 정치적 이단." 「에큐메니안」 2025. 2. 11.

홍승표. 『태극기와 한국교회』. 서울: 이야기BOOKS, 2022.

https://dic.daum.net/search.do?q=%EA%B7%B9%EC%9A%B0&dic=all&search_first=Y. (2025. 8. 26. 접속)

https://jayuparty.kr/party. (2025. 8. 26. 접속)

https://jayuvillage.com/contents/declares. (2025. 8. 26. 접속)

https://www.youtube.com/shorts/5B4sEDQuVsY. (2025. 9. 31. 접속)

https://www.youtube.com/watch?v=qp37TRWqNzk&list=RDqp37TRWqNzk&start_radio=1. (2025. 8. 25. 접속)

지은이 알림

김상덕

세종대학교에서 행정학을, 보스턴대학교와 에모리대학교에서 신학을 공부하고, 에든버러대학교에서 철학박사(Ph.D.)를 취득했다. 한국기독교사회문제연구원 연구실장으로 일했으며, 현재 한신대학교 평화교양대학 교수로 재직 중이다. 저서로는 『평화개념 연구』, 『정의로운 기독시민』 등이 있다.

배덕만

서울대학교 종교학과, 서울신학대학교 신학대학원, 예일대학교 신학대학원, 드류대학교 대학원에서 종교학과 교회사를 공부했다. 현재 백향나무교회 담임목사, 기독연구원 느헤미야 원장, 세종대학교 대우교수로 섬기고 있으며, 저서로는 『전광훈 현상의 기원』 외 다수가 있다.

백소영

이화여자대학교 기독교학과와 보스톤대학교 신과대학에서 기독교사회윤리학과 비교신학을 공부했다. 이화여자대학교 연구교수, 초빙교수를 거쳐 지금은 강남대학교 기독교커뮤니케이션학과 교수로 섬기고 있으며, 주요 저서로는 『페미니즘과 기독교의 맥락들』, 『기독교허스토리』외 다수가 있다.

백종국

한국외국어대학교 스페인어과, 서울대학교 대학원 정치학과를 거쳐 UCLA 대학원에서 정치학 박사를 받았다. 1993년 경상국립대학교 정치외교학과 교수로 부임하여 현재는 이 학과의 명예교수이다. 전국국공립대학발전연구위원회 위원장, 공의정치포럼 집행위원장, 교회개혁실천연대 공동대표, 기독교윤리실천운동 이사장을 역임하였다. 진주주님의교회 장로로 섬기고 있으며, 『한국자본주의의 선택』, 『멕시코혁명사』, 『한국기독교의 역사적 책임』 등 다수의 저서가 있다.